Teoria e Prática

A Cura do Trauma

Série Da Reflexão à Ação

Carolyn Yoder

A Cura do Trauma
Quando a violência ataca e a
segurança comunitária é ameaçada

Tradução de:
Luís Fernando Bravo de Barros

 Palas Athena

Título original: The Little Book of Trauma Healing
Copyright © 2005 by Good Books, Intercourse, PA 17534

Grafia segundo o Acordo Ortográfico da Língua Portuguesa de 1990,
que entrou em vigor no Brasil em 2009.

Coordenação editorial: Lia Diskin
Capa e Projeto gráfico: Vera Rosenthal
Arte final: Jonas Gonçalves
Produção e Diagramação: Tony Rodrigues
Preparação de originais: Lidia La Marck e Tônia Van Acker
Revisão: Rejane Moura

Dados Internacionais de Catalogação na Publicação (CIP)
(Câmara Brasileira do Livro, SP, Brasil)

Yoder, Carolyn
A cura do trauma : quando a violência ataca e a segurança comunitária é ameaçada / Carolyn Yoder; tradução de Luís Bravo. – São Paulo : Palas Athena, 2018.

Título original: The little book of trauma healing
Bibliografia.

ISBN 978-85-60804-38-2

1. Transtornos de estresse pós-traumático – Tratamento 2. Trauma psíquico – Tratamento 3. Vítimas – Reabilitação 4. Vítimas de crimes – Reabilitação 5. Vítimas de terrorismo – Reabilitação I. Título.

18-20519 CDD-616.8521

Índices para catálogo sistemático:
Transtornos de estresse pós-traumático :
Tratamento : Ciências médicas   616.8521

1ª edição, setembro de 2018

Todos os direitos reservados e protegidos
pela Lei 9610 de 19 de fevereiro de 1998.

É proibida a reprodução total ou parcial, por quaisquer meios,
sem a autorização prévia, por escrito, da Editora.

Direitos adquiridos para a língua portuguesa por Palas Athena Editora
Alameda Lorena, 355 – Jardim Paulista
01424-001– São Paulo, SP – Brasil
Fone (11) 3050-6188
www.palasathena.org.br
editora@palasathena.org.br

Conteúdo

Agradecimentos 5

1. INTRODUÇÃO 7
   O trauma como chamado para mudança
   e transformação 8
   Sobre este livro 9

2. DEFINIÇÃO DE TRAUMA: AS CAUSAS E OS TIPOS 13
   Traumas continuados e estruturalmente induzidos 16
   Trauma social ou coletivo 17
   Traumas históricos passados através de gerações 18
   Trauma secundário 19
   Trauma induzido por participação 19
   Resumo 20

3. RESPOSTAS COMUNS A EVENTOS TRAUMÁTICOS 23
   O trauma nos afeta fisiologicamente 25
   O trauma destrói significados 31
   O trauma cria necessidades 33
   Trauma continuado 34
   Os traumas de grandes grupos 36

4. Continuidade dos ciclos: trauma não curado 39

Limitações de se definir trauma não curado pelo prisma do TEPT 40
Reprodução e eventos deflagradores 41
Funcionamento prejudicado 43
Luto incompleto 44
O ciclo do inimigo/agressor 47
Narrativas "Bem vs. Mal" 50
Narrativas de "violência que salva" 51
O papel dos líderes 51
Os ciclos através das gerações 54

5. Rompendo os ciclos: a jornada para a cura e a segurança 55

Fundamentos do modelo 56
Segurança
    Libertando-se 58
    O papel dos líderes 62
Reconhecimento
    Luto, a vivência do pesar da nossa própria história e a nomeação dos medos 64
    "O outro" possui uma história 66
Reconexão
    Reconhecer a interdependência e assumir riscos 68
    Optar pelo caminho do perdão 72
    A busca por justiça 75
    Possibilidade de reconciliação 80

6. E se...? O 11 de setembro e
   o rompimento dos ciclos 83

7. Como, então, devemos viver?............................ 87
   1. Reconhecer-se como líder..87
   2. Questionar a nossa própria comunidade religiosa
      para que encarne os mais altos ideais 88
   3. Prevenção do trauma pelo aprendizado de
      fazer a paz...89
   4. Trabalho nos âmbitos pessoal e comunitário/
      estrutural...90
   5. Estar bem informado...91
   6. Lembre-se de que não estamos sozinhos 92

Apêndice:
   elementos-chave para quebrar o ciclo............. 89

   Notas 95
   Leituras sugeridas... 105
   Sobre a autora... 107

Agradecimentos

Este pequeno livro foi possível porque muitas pessoas ofereceram um pedaço de si mesmas para criar um trabalho maior do que a soma das suas partes.

Janice Jenner, que dirige o Instituto de Prática do Center for Justice and Peacebuilding (CJP) da Eastern Mennonite University e que articulou a ideia para o programa STAR Strategies for Trauma Awareness and Resilience[*] [Estratégias para Resiliência e Consciência do Trauma] mediante o pedido de Rick Augsburger, do Church World Service logo após o 11 de setembro. Desde então, o corpo docente do CJP passou a contribuir com suas sabedorias, experiências, teorias e capacidade pedagógica na elaboração e condução das atividades dentro do programa STAR. Entre os altos e baixos do processo, a fé deles na missão do programa STAR fez com que o bem comum triunfasse sobre o individualismo.

Saudações aos/às docentes do CJP Jayne Docherty (segurança humana e construção de paz), Barry Hart (cura de trauma e construção de paz), Vernon Jantzi (construção de paz), Ron Kraybill (construção de paz), Lisa Schirch (construção

---

[*] STAR é um esforço conjunto do Church World Service e do Center for Justice and Peacebuilding da Eastern Mennonite University.

de paz), Nancy Good Sider (cura de trama) e Howard Zehr (justiça restaurativa) por suas contínuas contribuições, ajudas e suportes. Outras pessoas que contribuíram para o conteúdo do programa STAR são Elaine Zook Barge, Vesna Hart, Janice Jenner, Amy Potter, Amela Puljek-Shank e centenas de participantes do STAR.

Tive o privilégio de servir como regente dessa "orquestra": harmonizando as notas de diferentes campos de estudo, trazendo a melodia da minha própria experiência em cura de trauma e neurobiologia, atenta à resposta da audiência, e admirando as ondas musicais e como elas divagavam.

Agradeço aos membros da equipe do programa STAR: Sharon Forret, Kathy Smith e Robert Yutzy pelo apoio; Jennifer Larson Sawin, Janet Loker e Ira Weiss pela leitura e crítica do manuscrito; Howard Zehr e Jayne Docherty pela crítica e assistência nas sessões sobre justiça e construção de paz; e a Lam Cosmas, Marie Mitchell e Jean Handley pelo presente das suas histórias pessoais.

Meus agradecimentos também a Howard Zehr e Good Books, pelo encorajamento e trabalho editorial, e ao Church World Service pelos inúmeros níveis de apoio que ajudaram a iniciar e implementar o programa STAR. Agradecimento especial ao meu marido Rick, cujo suporte incluiu cuidar das cabras e de muitas outras tarefas do nosso lar enquanto eu escrevia.

Introdução

*Como podemos efetivamente enfrentar
a ameaça do terrorismo?
Em longo prazo, o que ajuda a produzir segurança?
O que põe fim a ciclos de vitimização e violência?
O que o trauma tem a ver com tudo isso?*

O último século talvez tenha sido o mais brutal da história humana, com base no número de pessoas afetadas pela violência. No início do novo milênio, centenas de conflitos continuam a devastar todo o planeta. Mesmo assim, na medida em que a nossa fraturada família global se esforça para achar respostas, pouco se diz sobre as conexões entre trauma, segurança e violência.

> Trauma e violência estão integralmente conectados.

Políticos, negociadores, agentes de paz e o público em geral, todos tendem a considerar a cura do trauma como algo brando, um lugarzinho aconchegante que tem pouco ou nada a ver com a dura realidade política e que não consegue reduzir a violência. Contudo, trauma e violência estão integralmente conectados: de um modo geral, a violência leva ao trauma, e o trauma não curado, por sua vez, pode levar à violência e a cada vez menos segurança.

O trauma afeta a fisiologia, incluindo a habilidade de pensar de maneira integrada e integral. John Gottman, ao realizar uma pesquisa sobre casais e maneiras de prever o sucesso ou insucesso conjugal, percebeu que, quando o batimento cardíaco aumenta, mesmo que apenas 10 batimentos acima da linha basal, a parte racional do cérebro começa a falhar.[1] Então passamos a falar, agir e reagir a partir da parte inferior do cérebro, onde estão localizados os instintos automáticos de sobrevivência.

Se essa mudança fisiológica ocorre durante um desentendimento sobre quem deve arrumar a cozinha, o que dizer de debates políticos inflamados, ataques terroristas ou discussões de negociadores sobre territórios em disputa? A compreensão fisiológica, emocional, mental e espiritual do trauma pode ajudar a explicar uma ampla gama de fenômenos, incluindo sentimentos de insegurança, perda de identidade cultural, racismo ou nacionalismo radical e violência em geral.

O TRAUMA COMO CHAMADO PARA MUDANÇA E TRANSFORMAÇÃO

Há, contudo, um outro lado do trauma. De fato, a principal premissa e desafio deste livro é que eventos e momentos traumáticos possuem o potencial de despertar o melhor do espírito humano e, certamente, da família global. Porém, este não é um processo automático; demanda conhecer a própria história **e a do nosso inimigo**, buscar com sinceridade as raízes dos problemas, e priorizar a segurança humana ao invés da segurança nacional. Em seu âmago, esse é um trabalho espiritual dos mais profundos, que exige nada menos do que os ideais mais nobres e a fé, esperança e resiliência do espírito humano.

SOBRE ESTE LIVRO

Depois de 11 de setembro de 2001, o Center for Justice and Peacebuilding – CJP [Centro de Justiça e Construção de Paz] da Eastern Mennonite University e o Church World Service (organização de desenvolvimento e ajuda humanitária com 38 grupos religiosos) trabalharam juntos com o objetivo de melhor preparar líderes religiosos e civis para lidar com situações traumáticas. Um dos resultados foi a criação do programa STAR – Strategies for Trauma Awareness and Resilience [Estratégias para Consciência do Trauma e Resiliência], que reúne líderes de nível médio e de base que trabalham em áreas em conflito nos Estados Unidos e no mundo, para participarem de seminários práticos e acadêmicos.

O programa STAR integra conceitos advindos de áreas de conhecimento e prática tradicionalmente separados: traumatologia (incluindo neurobiologia), segurança humana, justiça restaurativa, transformação de conflitos, construção de paz e fé/espiritualidade. A junção de tudo isso compõe um modelo de três partes chamado A Jornada da Cura do Trauma: rompendo os ciclos de vitimização e violência.

> A mudança começa comigo, com você, conosco.

Adaptamos esse modelo com base no trabalho do Center for Strategic and International Studies [Centro de Estudos Estratégicos e Internacionais] de Washington D.C., que, juntamente com David Steele, Olga Botcharova, Barry Hart e outros, conduziu oficinas na antiga Iugoslávia no final dos anos 1990. Agradecemos a essas pessoas por seu trabalho pioneiro.[2]

Obviamente essa abordagem vai além do modelo médico tradicional de saúde mental, focado no trauma individual. Ao invés disso, a ênfase principal recai nas comunidades e sociedades envolvidas em ciclos de vitimização e/ou violência, ainda que muitos dos conceitos sejam facilmente adaptáveis e aplicáveis a indivíduos. De fato, a abordagem STAR se baseia em ajudar as pessoas a compreenderem e se restabelecerem depois de eventos traumáticos, ao mesmo tempo em que auxilia no desenvolvimento de respostas sociais e estruturais que tratem as causas e as consequências do conflito e da violência. Explora maneiras de pensar e reagir a eventos traumáticos – incluindo terrorismo – para que as comunidades não fiquem presas em ciclos de retaliação violentos nem se vejam como eternas vítimas.

Ainda que os conceitos aqui explorados se apliquem a todo o espectro de eventos traumáticos, o programa STAR foi inicialmente criado como resposta a um ato de terrorismo. Posteriormente, o modelo foi adaptado para ser aplicado a desastres naturais como o tsunami de 2004 e o furacão Katrina, em 2005.

O termo "terrorismo" é geralmente usado de forma aberta, porém, de acordo com Cunningham,[3] ele possui quatro elementos-chave:

1. Envolve um ato no qual a violência é consumada ou usada como ameaça;
2. É primordialmente um ato político;
3. Tem a intenção de provocar medo ou terror;
4. Objetiva alcançar efeitos e reações psicológicas.

É difícil falar sobre terrorismo de maneira objetiva, precisamente porque atos dessa natureza causam uma reação traumática com carga emocional nas vítimas, nas suas comunidades e naquelas pessoas que simpatizam com elas.

Este não é um livro de respostas, mas de informação, ideias, teorias e questões que emergiram de nossas experiências.

Introdução

A questão de como trabalhar pela segurança humana nestes tempos turbulentos, sem contribuir com mais violência e trauma a um mundo já violento e traumatizado, é um assunto complexo sem respostas definitivas. Às vezes parece ingênuo enfrentar o tema da segurança diante de enormes problemas. Mas a mudança começa comigo, com você, conosco, na medida em que, juntos, exploramos, observamos, escutamos, imaginamos, oramos, experimentamos e aprendemos.

Definição de trauma: as causas e os tipos

A tranquilidade durante os anos em que Lam Cosmas crescia no norte de Uganda foi estraçalhada em 1986, quando rebeldes começaram a destruir o gado e a atacar civis desarmados. Nos anos seguintes, vilarejos foram saqueados, plantações queimadas e homens e mulheres foram mortos. Durante ataques noturnos, meninos eram raptados para se tornarem crianças-soldado e meninas eram raptadas para se tornarem "esposas" de soldados rebeldes. Aterrorizados, os moradores do vilarejo mudaram para centros urbanos em grupos que continuam a viver amontoados em campos de deslocados internos, e sofrem com a falta de infraestrutura básica.

* * *

Em 11 setembro de 2001, Marie Mitchell estava no trabalho em seu escritório na Califórnia quando um vizinho telefonou e disse-lhe que ligasse a televisão. Ao ver as torres do World Trade Center se consumirem em chamas e depois desmoronar, Marie desabou da sua cadeira para o chão. Seu irmão de 46 anos de idade era bombeiro no sul de Manhattan. Ela sabia que Paul estava lá.

* * *

Jinnah trabalha muitas horas por dia para sustentar a família como condutor de riquixá nas abarrotadas ruas de Daca, Bangladesh. Ele pedala para transportar passageiros no calor da temporada seca e debaixo das quentes chuvas de monção que inundam as ruas. Ele vai trabalhar quando está se sentindo bem e também quando está com febre, com o estômago cheio ou com fome. Dois de seus seis filhos morreram de diarreia. Ele já perdeu as esperanças de mandar os filhos que ainda estão vivos para a escola: não tem dinheiro para pagar livros e uniforme. Jinnah não pensa mais no dia de amanhã.

* * *

A. L. M. Thaseem perdeu a esposa e dois filhos no tsunami de 2004, que afetou o Sudeste Asiático, e também teve seu negócio destruído e sua casa muito danificada. As novas regras promulgadas pelo governo do Sri Lanka, que proíbem as pessoas de morar perto da costa, impediram-no de reconstruir sua pousada e, consequentemente, reformar sua casa, deixando-o num limbo.[4]

* * *

Os quatro relatos acima são bem diferentes entre si.[5] Mas todos resultam em algum tipo de reação traumática dos indivíduos e das sociedades em que ocorrem.

Em conversas casuais, a palavra "trauma" é usada para descrever reações a qualquer coisa, desde um dia estressante até um assassinato brutal. De fato, tanto o estresse quanto o trauma afetam indivíduos e grupos de modo físico, emocional, cognitivo, comportamental e espiritual. Contudo, os eventos traumáticos diferem do estresse ordinário em intensidade e/ou duração.

> **EVENTOS TRAUMÁTICOS:**
>
> - Envolvem ameaças à vida ou ao corpo;
> - Produzem terror e sentimentos de impotência;
> - Suplantam a habilidade de um indivíduo, ou grupo de indivíduos, de lidar com a ameaça ou de responder a ela;
> - Levam a um sentimento de perda de controle;
> - Questionam a percepção, de uma pessoa ou de um grupo, de que a vida é significativa e ordenada.

Não é possível determinar se uma situação é ou não avassaladora levando-se em consideração apenas os eventos. O que para um indivíduo, ou grupo de pessoas, é meramente estressante, pode ser considerado traumático para outras pessoas, dependendo de uma combinação de fatores. Isso inclui idade, histórico de vida, nível de preparação, o significado dado ao evento, quanto ele dura, a qualidade do suporte social disponível, o conhecimento sobre como lidar com traumas, tendência genética e centramento espiritual. Por consequência, **a reação traumática precisa ser tratada como sendo válida, independente do julgamento de terceiros sobre o evento que a produziu.**

Os traumas ocorrem em dado contexto, cenário social, com interações dinâmicas entre o indivíduo e o ambiente social que o circunda.[6] As condições sociais e os significados de uma experiência individual geralmente causam ou contribuem ao trauma.

Por exemplo, Kadzu tem aids, que contraiu de seu marido, falecido há um ano. Ela e os dois filhos vivem com sua mãe, uma viúva idosa, e dependem financeiramente de sua família estendida. A situação de Kadzu é impactada pela atitude de sua família, de sua comunidade e nação em relação à aids; pelos recursos disponíveis para prevenção e tratamento; e pelos direitos de propriedade intelectual, preços de remédios e patentes das companhias farmacêuticas multinacionais. Este último aspecto é, por sua vez, influenciado por acordos de comércio internacional. Os traumas de Jinnah e de Lam são ambos impactados pelos ambientes sociais em que vivem.

TRAUMAS CONTINUADOS E ESTRUTURALMENTE INDUZIDOS

Nem todo trauma é provocado por eventos dramáticos singulares que estão fora do espectro das experiências humanas comuns, como um acidente, um tornado, ou até a morte do irmão de Marie no World Trade Center. O trauma pode ser causado pela vida em condições abusivas e inseguras que são contínuas e se arrastam por muito tempo. Esse é o caso da história de Lam, que vive em meio a uma longa guerra civil, e de Jinnah, em seu esforço pela sobrevivência. Condições que antes eram raras, como assaltos à mão armada, estupros e atividades de gangues, agora são eventos comuns em muitas partes do mundo. A possibilidade constante de morte ou de algum ferimento em zonas de conflito, ou onde as populações vivem sob ocupação e com medo do terrorismo, não são menos traumáticas por serem rotineiras. A violência continuada da miséria e de sistemas que tornam as pessoas incapazes de satisfazer necessidades básicas, como assistência à saúde, é definida como **violência estrutural** e é uma causa de trauma.

> O trauma pode ser induzido por eventos ou condições contínuos e rotineiros.

Em geral, tais traumas estruturalmente induzidos passam despercebidos até que um evento, como o furacão Katrina, explicitamente exponha algo que já existia há muito tempo.

Não há um termo padrão na literatura sobre trauma para definir essa experiência de viver num estado contínuo de trauma. Isso tem sido chamado de **trauma cumulativo, trauma continuado, trauma crônico, trauma sequencial, múltiplo** ou **plural**. Talvez Martha Cabrera, que trabalha em programas de recuperação de trauma na Nicarágua, possua a melhor descrição ao se referir à sua sociedade como multiplamente ferida, multiplamente traumatizada e multiplamente enlutada, após passar por inúmeras décadas de conflito.[7] Os efeitos psicossociais, espirituais, sociais, econômicos e políticos dessas condições difíceis e contínuas podem ser profundos, tanto para indivíduos quanto para sociedades inteiras.[8]

TRAUMA SOCIAL OU COLETIVO

Quando um evento traumático (ou uma série de eventos) afeta grande número de pessoas, falamos em **trauma social** ou **coletivo**. O trauma pode ser algo vivenciado diretamente, mas também pode ocorrer pelo testemunho (*e.g.*: pela televisão), ou apenas por ouvir falar de eventos horrorosos. Direta ou indiretamente, a experiência de trauma de um dado grupo pode deflagrar a disseminação de medo, horror, impotência ou raiva. Tais eventos não são experiências particulares apenas, pois provocam impactos nacionais e regionais, resultando em trauma da sociedade.

> Os traumas não enfrentados afetam não apenas as pessoas que foram diretamente traumatizadas, mas suas famílias e futuras gerações.

Alguns são específicos de determinada cultura ou sociedade. Por exemplo, "11 de setembro" instantaneamente evoca, em cidadãos estadunidenses e de outros lugares, as imagens dos ataques nas cidades de Nova York e Washington D.C. em 2001. No Chile, contudo, "11 de setembro" evoca o trauma do 11 de setembro de 1973, caracterizado pela deposição, apoiada pelos Estados Unidos, do governo democraticamente eleito de Salvador Allende. Muitos na América Central se recordam do esfaqueamento (em 11 de setembro de 1990) da antropóloga guatemalteca Myrna Mack, que estava registrando abusos a direitos humanos.

Dentro de uma dada sociedade, subgrupos culturais podem vivenciar os acontecimentos de maneira diferente, dependendo da sua proximidade à fonte de ameaça ou de como se identificam com as vítimas de dado evento.

TRAUMAS HISTÓRICOS PASSADOS ATRAVÉS DE GERAÇÕES

Trauma histórico é o "ferimento emocional e psicológico cumulativo ao longo de uma vida e através de gerações que emana de um massivo trauma coletivo".[9] Escravidão, colonialismo, perseguição ou genocídio de uma facção ou grupo religioso são exemplos disso. O "evento" ou instituição está no passado, mas os efeitos são cumulativos e são vistos nas atitudes e comportamentos individuais e coletivos em gerações sucessivas. A transmissão transgeracional desses traumas pode ocorrer até quando a história traumática não é contada para a geração seguinte, ou é contata em termos genéricos. Uma "conspiração do silêncio" oculta eventos em relação aos quais o luto e o pesar jamais ocorreram.

Os traumas culturais são criados quando ocorrem tentativas de erradicar parcial ou totalmente uma cultura ou um povo. Isso aconteceu com muitos grupos nativos, ou indígenas, em todo o mundo.

TRAUMA SECUNDÁRIO

Trauma secundário, ou **vicário**, se refere aos efeitos experienciados por agentes de resgate, socorristas e outros profissionais que atendem a catástrofes e, de imediato, às vítimas diretas. Muitos jornalistas que cobriram os depoimentos de vítimas na Comissão da Verdade e Reconciliação da África do Sul relataram reações de estresse pós-traumático, ainda que tenham sido informados de antemão sobre como evitar uma traumatização pessoal. Os efeitos do trauma secundário são similares àqueles experienciados por vítimas e sobreviventes.

TRAUMA INDUZIDO POR PARTICIPAÇÃO

Outra causa de trauma que é raramente discutida: ter participado ativamente na causação da ofensa ou trauma a outras pessoas, no cumprimento de uma função, ou fora da lei, como numa atividade criminosa. A pesquisa da psicóloga Rachel MacNair sugere que os efeitos traumáticos de machucar outras pessoas, intencionalmente ou não, podem ser tão severos quanto os que as vítimas e sobreviventes experienciam, ou até mais severos.[10]

As questões levantadas por MacNair certamente possuem relevância para comunidades, grupos e nações. Quais são as implicações espirituais e emocionais para grupos e nações que trazem consigo a responsabilidade de eventos como o holocausto, genocídios, atentados suicidas, assassinatos patrocinados pelo Estado, ou guerras preventivas?

RESUMO

Os eventos e as situações traumáticas suplantam nossa habilidade usual de lidar com a ameaça e responder a ela. A seguir listamos os eventos ou estressores traumáticos mais comuns:

- Abuso ou ataque: físico, emocional, sexual (incluindo estupro);
- Acidentes;
- Causar dano a outras pessoas deliberadamente: criminosos; torturadores; abusadores; terroristas; incluindo o terrorismo patrocinado ou apoiado pelo Estado; abuso de poder;
- Causar dano a outras pessoas no exercício de um cargo ou função: agentes de segurança pública, carrascos, militares;
- Políticas econômicas, miséria;
- Falta de habitação, condição de refugiado;
- Desastres causados por humanos: vazamentos químicos, barragens ou rompimento de represas;
- Viver em região sob ocupação ou em condições de servidão ou escravidão;
- Episódios de violência em massa: ataques, massacres, genocídios, guerras;
- Desastres naturais: furacões, terremotos, tornados, tsunamis;
- Negligência a quem não consegue cuidar de si mesmo;
- Doenças sérias, pandemias e epidemias como aids, bioterrorismo;
- Violência estrutural: estruturas e instituições sociais que privam as pessoas de seus direitos e da habilidade de satisfazer suas necessidades básicas;

- Perda repentina de entes queridos, de status, de identidade, de posses, de lar, de território;
- Mudanças repentinas de regras, expectativas, ou normas; revoluções sociais;
- Procedimentos cirúrgicos, odontológicos e médicos, incluindo partos difíceis;
- Tortura;
- Presenciar a morte ou ofensa física.

Em suma, são muitas as causas e tipos de trauma. Agora, focaremos nas maneiras pelas quais nós, como indivíduos e sociedade, respondemos a eventos traumáticos.

3

Respostas comuns a eventos traumáticos

Iam Cosmas se recorda claramente da data: 3 de outubro de 1986.

Eu vivia em Gulu e, naquela manhã, embarquei em um ônibus para viajar à capital, Kampala. Estava sentado perto do meio do ônibus, e me senti desconfortável quando chegamos a um lugar a 16 quilômetros da cidade porque rebeldes haviam atacado um caminhão ali, não muito tempo antes. Então, pela janela, vi pessoas vestindo uniformes militares agachadas ao lado da estrada com suas armas em riste. Senti muito medo. Gritei ao motorista: "Não pare, não pare". Ouvi tiros e os gritos de outros passageiros. Eu não conseguia parar de gritar: "Não pare!".
O motorista acelerou fundo pela estrada. Me recordo apenas de algumas coisas: sangue por todo lado, pessoas gritando, o rosto de um homem atingido na mandíbula, um homem com tiros nas pernas. Estava com tanto medo que não sabia se havia sido ferido ou não. E as crianças. Algumas estavam embaixo dos assentos. Era estranho. Elas não choravam nem faziam nenhum ruído.
O motorista parou quando chegamos à próxima cidade, a uns 50 quilômetros de onde tudo aconteceu. Examinei meu corpo – não havia ferimentos. As pessoas feridas foram levadas a

um hospital. *Ninguém morreu, mas o homem com as pernas feridas precisou amputá-las. Inspecionamos o ônibus e achamos buracos de bala exatamente acima dos pneus. Graças a Deus não acertaram os pneus. Então, percebemos que havia sangue na calça do motorista: ele havia sido atingido. Ele não sentira dor alguma.*

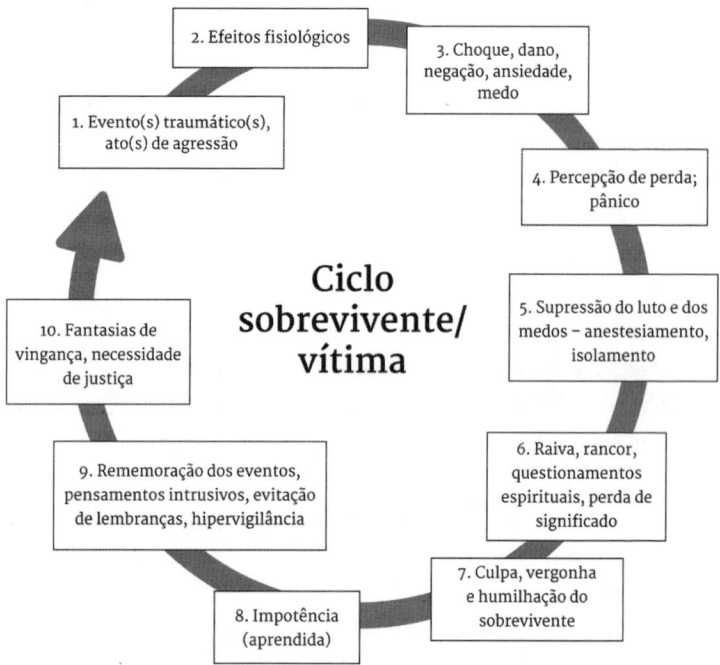

Baseado em um modelo de Olga Botcharova ©1988, em *Forgiveness and Reconciliation*, Templeton Foundation Press. Adaptação do modelo de Botcharova © por Center for Justice and Peacebuilding da Eastern Mennonite University, 2002. Todos os direitos reservados.

Para avaliar e compreender a maneira como trauma, violência e segurança estão inter-relacionados, usaremos, ao longo do livro, três diagramas interligados que, juntos, formam o modelo que chamamos de A jornada de cura do trauma: rompendo os ciclos de vitimização e violência. O primeiro desses diagramas – o ciclo sobrevivente/vítima – retrata respostas comuns e normais ao trauma, quando a violência estraçalha nosso senso de segurança. Os números entre parênteses ao longo do texto se referem aos números do diagrama. **Percebam que, embora as reações neste ciclo estejam numeradas sequencialmente, na vida real elas não necessariamente acontecem uma por vez ou em uma ordem linear bem estabelecida.**

O TRAUMA NOS AFETA FISIOLOGICAMENTE

O cérebro exerce um papel-chave em nossa resposta ao trauma (veja 1 e 2). As três partes principais e interdependentes do cérebro são:

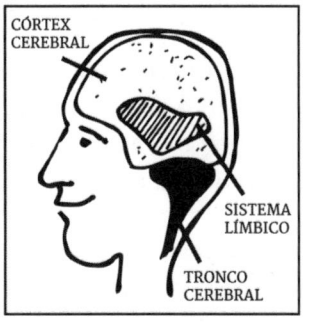

- O **córtex cerebral**: o cérebro racional e pensante;
- O **sistema límbico**: o cérebro emocional, o armazenamento de memória e a emoção; contém a **amígdala**, um "sistema de alerta inicial" que é ativado pelo medo;
- O **tronco cerebral**: o "cérebro instintivo", que controla as reações automáticas, incluindo as reações de lutar, fugir ou congelar. Não possui senso de tempo linear; para essa parte do cérebro tudo é "agora".

O diagrama acima foi criado por Lee Eshleman.

O sistema límbico e o tronco cerebral são, às vezes, chamados de **cérebro inferior**, e o córtex cerebral é chamado de **cérebro superior**.

Em condições normais, as informações que chegam são direcionadas primeiro ao córtex cerebral, nosso cérebro racional, para depois seguir ao cérebro inferior. Mas em um momento de crise, como quando Lam viu as armas apontadas para o ônibus, a informação "pula" os centros pensantes do cérebro e vai diretamente para a amígdala, que registra MEDO.

Esse sinal de alerta inicial no sistema límbico do cérebro instantaneamente deflagra a liberação de uma cascata de componentes químicos e hormônios de estresse. Isso ativa a resposta de lutar-ou-fugir no tronco cerebral e coloca o corpo em um estado de hiperexcitação com o intuito de salvar a própria vida.[11] A frequência cardíaca, o ritmo respiratório e o metabolismo aumentam. O sangue corre para os músculos e outras partes do corpo para produzir força e energia extras. Funções que não são essenciais à sobrevivência, como a digestão, são interrompidas; as demais, como a visão, são aguçadas.

A dissociação, um distanciamento do que está acontecendo, nos protege de sermos subjugados pela totalidade do impacto emocional ou pela dor física naquele momento. O tempo é distorcido: as coisas acontecem em câmera lenta ou de maneira muito acelerada. Algumas pessoas experienciam um senso de quietude, de calma desapegada.

As memórias não são processadas e armazenadas de maneira usual. Elas se tornam fragmentadas, posteriormente produzindo, por um lado, imagens muito vívidas e, por outro lado, paradoxalmente, uma incapacidade de relembrar. As partes do cérebro que controlam a fala são desligadas, dando azo a expressões como "mudo de pavor".

A excitação como resposta à ameaça é produzida para fugirmos ou para lutarmos pela sobrevivência. Isso completa um ciclo fisiológico natural. Se o ciclo se completa, sentimos uma sensação de alívio, até triunfo e empolgação: o corpo se acalma e retorna a um estado de relaxamento. Entretanto, quando é impossível fugir ou lutar (como quando Lam estava preso dentro do ônibus), ou quando a combinação de pavor e impotência é insuperável, o corpo pode deflagrar uma reação de congelamento. Ficamos incapazes de pensar, de nos movermos, ou até de falar. Quando a avassaladora energia da reação de luta-ou-fuga mantém o cérebro em um estado de hiperexcitação, congelar é como pisar no freio e no acelerador ao mesmo tempo.

> A reação de congelar prende a intensa energia do trauma no sistema nervoso.

A reação de congelar prende a intensa energia do trauma no sistema nervoso. Se ela não for liberada ou integrada no período de alguns dias ou semanas, parece que justamente essa constrição de energia é o que produzirá depois as reações comuns de trauma, e não o evento propriamente dito.[12]

Lam segue o seu relato:

Aqueles que não se machucaram seguiram a viagem de três horas até Kampala. Não me lembro muito da viagem. Exceto que perto do fim, um dos pneus estourou com um estampido alto que pareceu um tiro. Todo mundo gritou e se agachou embaixo dos assentos. Foi horrível.
Mais tarde, enquanto contava para minha família o que tinha acontecido, eu tremia e transpirava. Tive sonhos sobre isso durante quase três meses, e fiquei pensando muito nisso tudo, mesmo quando me esforçava para não lembrar. Mesmo após todos esses anos, ainda sinto medo quando passo pelo lugar onde tudo aconteceu.

Os estudiosos do cérebro nos dizem que os neurônios que são ativados juntos se conectam. Neurônios são células especializadas do sistema nervoso que carregam "mensagens" por meio de um processo eletroquímico. Quanto mais intensa a experiência, mais forte será a conexão entre eles.

Em momentos posteriores, ruídos, imagens, cheiros, ou até dinâmicas que vivemos e que são similares ao trauma original, podem causar um colapso no tempo e o retorno vívido e espontâneo da memória do trauma. São as chamadas memórias intrusivas (9). Reagimos como se o evento estivesse acontecendo agora.

Consequentemente, os sobreviventes buscam evitar esses gatilhos ou lembretes do que aconteceu, para não experienciar memórias intrusivas ou *flashbacks* assustadoramente vívidos. Essa evitação pode afastá-los da vida.

Para os passageiros no ônibus de Lam, a emoção do medo ligou-se ao som de tiros, ao cheiro e à visão de sangue, aos gemidos das pessoas feridas. O som do pneu estourando imediatamente deflagrou memórias do ataque original.

O tremor e a sudorese que Lam vivenciou são reações físicas naturais de trauma. Resultam da energia avassaladora que está congelada no interior da pessoa e continua a ser gerada por pensamentos e memórias do que aconteceu. Quando se consegue ajudar os sobreviventes a liberar essa energia, muitas reações pós-traumáticas, como pesadelos e *flashbacks*, são minimizados ou resolvidos.[13] Contudo, o cérebro superior, racional, geralmente nos impede de escutar o corpo. Tememos que os tremores e as sensações arrasadoras signifiquem que estamos ficando loucos ou que estamos desmoronando, e daí "tentamos manter o controle" suprimindo essas reações curativas naturais, junto com nossos lutos e medos (5).

A intensa energia de hiperexcitação do trauma também pode se expressar como raiva ou fúria dirigida a algo ou alguém próximo, qualquer que seja: a equipe de resgate que não agiu rápido o suficiente; o médico que deveria ter se esforçado mais; o departamento de desastres que deveria ter provido mais assistência; o cônjuge que não é empático o suficiente; o grupo étnico do ofensor (6). A raiva pode ou não ser justificada, mas a intensidade é frequentemente desproporcional.

Marie descreve um incidente que aconteceu logo depois da cerimônia em homenagem ao seu irmão, ocorrida aproximadamente dois meses depois de sua morte.

Estava me sentindo debilitada, então dirigi meu carro até um parque para fazer uma caminhada. Um homem estava lá com dois cães, então pedi que os colocasse na coleira. Ele me respondeu dizendo que era eu que precisaria estar numa coleira. Fiquei tão furiosa que senti vontade de atropelar aquele homem; queria acelerar e fazer o carro roncar alto para ameaçá-lo. Na verdade, comecei a dirigir em sua direção, mas desviei. De fato, eu poderia ter atropelado o cara. Não sei o que me deu, mas eu queria que o motor RUGISSE por mim. Meu desejo era atropelar todo o universo e aquele homem era o centro de tudo, o alvo principal. Mas mesmo o universo não era o suficiente. Eu queria continuar rugindo pelo espaço, pelas galáxias e nebulosas e até o fim do universo.

Em linguagem coloquial, diríamos que Marie "perdeu a noção". Fisiologicamente isso é exato. A "noção" que Marie perdeu foi a conexão com seu cérebro racional.

Para vivermos como seres humanos emocionalmente inteligentes, precisamos que todas as partes do cérebro trabalhem juntas. O córtex orbitofrontal, localizado na região atrás dos olhos, conecta e integra as três principais regiões do cérebro: o córtex cerebral (cérebro racional), o sistema límbico (cérebro emocional) e o tronco cerebral (cérebro instintivo).[14] Dentre outras coisas, isso nos permite regular emoções, ler pistas de comunicação não verbal, absorver informação do entorno, refletir sobre essa informação antes de agir, ser flexível, sentir empatia por outras pessoas e agir de modo ético e com gentileza.[15]

Porém, os neurocientistas acreditam que o trauma desmantela o funcionamento do córtex orbitofrontal, nos deixando suscetíveis ao que Daniel Siegel, especialista em neurobiologia interpessoal, chama de estados de "modo inferior", relacionado ao cérebro inferior. O pensamento racional é sequestrado. Sem essa integração, experimentamos emoções intensas, reações impulsivas e respostas rígidas e repetitivas. Fica prejudicada a habilidade de introspecção e de levarmos em consideração o ponto de vista de outra pessoa ou grupo de pessoas.[16]

Na história de Marie, ela se recorda do momento a partir do qual seu córtex orbitofrontal entrou em ação:

Então uma tênue voz me disse: "Marie, vire o carro na outra direção. Vá para casa". Eu estava muito trêmula, mas virei o carro para o outro lado e dirigi para casa. Pensei: "Preciso meditar".

Quando o processo de cólera regrediu, ela conseguiu optar entre atropelar o cara ou dirigir para o outro lado. Escolheu atender à voz tênue ainda presente e desviar.

Dada a intensidade das respostas ao trauma, é fácil compreender por que nos sentimos dominados e fora de controle.

É fácil compreender por que suprimimos sentimentos (5) e nos retiramos a estados de anestesiamento e negação emocional em torno do que aconteceu ou dos efeitos sofridos. Em um primeiro momento, isso pode parecer um dispositivo de defesa saudável, pois evita que sejamos subjugados. Contudo, se esse padrão continuar, ele afetará negativamente os relacionamentos e a nossa habilidade de viver a vida de maneira integral.

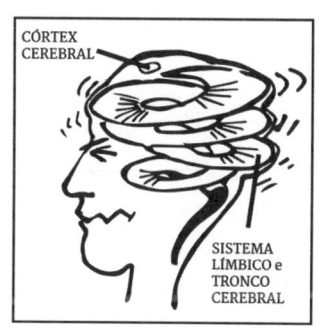

O TRAUMA DESTRÓI SIGNIFICADOS

Eventos traumáticos estraçalham nossa realidade: nos desorientam, nos desempoderam, e nos desconectam de outras pessoas e da vida. Nossa reação pode ser raiva, ansiedade, depressão, questionamentos pessoais ou globais: "Por que nós?"; "Onde estava Deus?"; e "Qual é mesmo o significado da vida?". (6)

Marie descreve a sua experiência:

Era uma raiva muito genérica. Não se tratava dos terroristas, mas de todo o sistema, do ponto em que chegamos como raça humana. Eu estava zangada comigo, pois, mesmo com todas as orações e meditações que fazia, continuava reagindo assim. Em alguma dimensão irracional, pensei: "Como a minha vida, até aqui, pode ter algum valor, algo de bom, se esta é quem eu sou?". Meus sentimentos vinham em ondas, mas, por um longo período de tempo, senti que estava à beira de um colapso nervoso.

O diagrama acima foi criado por Lee Eshleman.

A profundidade dos sentimentos, pensamentos e reações pode ser assustadora, até devastadora. As perdas – de entes queridos, lares, empregos, comunidades, status e segurança – nos levam a questionar o cerne da nossa identidade. Quando nos sentimos fora de controle ou "sem espiritualidade", tendemos a suprimir a mágoa, a dor e os questionamentos (4, 5, 7, 8). Sentimentos de vergonha, autoculpa e humilhação são comuns. Também é comum sentir culpa por ter sobrevivido quando outras pessoas morreram (7).

Ainda que não seja lógico, às vezes acreditamos que deveríamos ter tido a capacidade de evitar ou superar o que quer que tenha acontecido, ou que, se, por alguma razão, fôssemos pessoas melhores, não nos sentiríamos tão mal no momento presente. Em parte, o que está em jogo é um senso de honra. Sentimos vergonha pelo que aconteceu conosco. E se não compreendermos que são reações normais ao trauma, ficaremos envergonhados pela maneira como reagimos. Quando superamos o choque e a negação iniciais, e nos damos conta da realidade das nossas perdas, podemos nos sentir como se estivéssemos no limiar da loucura.

Somos criaturas fazedoras de significado e boa parte de nossa identidade e segurança deriva do significado que damos ao mundo. Em geral esses significados têm suas raízes em nosso histórico de vida. Quando o trauma estilhaça nosso mundo, nossos significados, nossas histórias sofrem uma ruptura: de fato, esse ataque contra nossos pressupostos – ou significados e histórias – é parte do que causa o trauma. Por isso buscamos maneiras de explicar o que aconteceu e contamos nossas histórias como uma forma de recriar um senso de significado e identidade.

O TRAUMA CRIA NECESSIDADES

Como sugere o parágrafo anterior, as pessoas que foram traumatizadas necessitam saber e entender o que aconteceu. Em geral, desejam informação, mas também podem precisar de oportunidades para contar sua história. O trauma frequentemente cria uma necessidade de "reistoricizar" nossa vida.

Contudo, na maioria das vezes, a mais urgente necessidade dos sobreviventes do trauma é proteção e segurança – física, emocional e espiritual. Querem saber que passos estão sendo dados para prevenir a recorrência do que aconteceu. Também querem respostas, não apenas porque estas proporcionam significado, mas porque oferecem um senso de ordem e, assim, de segurança. Por exemplo, saber quem fez algo e por quê pode tornar a vida um pouco mais previsível. Como veremos adiante, quando não temos boas respostas, geralmente recorremos a respostas simplórias e imprecisas, em procura de significado e segurança.

As situações traumáticas frequentemente nos fazem sentir vitimizados e injustiçados (10). Os esforços em prol de vítimas de crime identificaram algumas de suas "necessidades de justiça".[17]

Necessidades de justiça por parte das vítimas:
- Proteção;
- Informação, respostas;
- Relato da história/relato da verdade;
- Empoderamento;
- Vindicação;
- Restituição.

Uma necessidade importante de quem se sente vitimizado é a vindicação. Parece que todos nós temos uma necessidade básica de reciprocidade, de igualar o placar; isso se aplica tanto para dar e receber presentes como para endireitar o que está errado.

Em parte, busca-se um reequilíbrio moral: queremos saber que não somos culpados e que alguma outra pessoa aceita a responsabilidade. Também envolve a remoção da vergonha e da humilhação, que acompanham a vitimização, para idealmente substituí-las por um senso de honra e respeito. Às vezes isso pode ser tratado, ao menos em parte, por pedidos de perdão e restituição. Mesmo que as perdas de fato sejam impossíveis de serem recompensadas, pode haver uma necessidade de alguma declaração ou reparação simbólicas.

Outra necessidade é o empoderamento: o trauma leva embora o nosso senso de poder e controle, deixando um rastro de humilhação e vergonha. Isso precisa ser substituído por um senso de dignidade e de poder ou autonomia pessoal.

As experiências de justiça, seja direta ou simbólica, geralmente exercem um papel crucial na jornada de cura daquele que foi traumatizado. Perversas fantasias de vingança são comuns quando as necessidades de justiça não são satisfeitas.

Como dito no capítulo anterior, eventos traumáticos como o furacão Katrina podem expor e realçar violências e injustiças estruturais pré-existentes. Nesse caso, as necessidades de justiça que emergem de eventos traumáticos complementam aquelas já presentes anteriormente.

TRAUMA CONTINUADO

Em ambientes de trauma contínuo, características consideradas insalubres nos meses seguintes a um evento traumático podem ser sinais de comportamentos adaptativos necessários para sobreviver a traumas contínuos ou múltiplos.[18] Por exemplo, a hipervigilância mantém as pessoas vivas em bairros com alto índice de criminalidade, em casos de ocupação militar, ou se a pessoa faz patrulhamento em zonas de guerra. O anestesiamento emocional e a negação ajudam a afastar a desesperança diante de uma situação imediata, permitindo que os adultos saiam para trabalhar e que as crianças saiam para ir à escola, ainda que em circunstâncias desoladoras.

Tais adaptações podem ser "normais", mas não significa que sejam saudáveis por um longo período de tempo. As reações de estresse de longa duração incluem mudanças na forma como pensamos sobre nós mesmos, como percebemos aqueles que nos machucam, nas relações com outras pessoas, na nossa habilidade de regular as emoções e no nosso sistema de significado.

> Um trauma pode fortalecer ou enfraquecer uma comunidade.

Judith Lewis Herman diz que aqueles que vivenciam traumas pontuais frequentemente sentem que podem enlouquecer a qualquer momento, porém aqueles que passam por traumas de longo prazo geralmente sentem que perderam a si mesmos.[19] Isso acarreta sérias implicações para a saúde das pessoas, a resiliência do elã social de uma comunidade, o sucesso de planos de desenvolvimento e a esperança das futuras gerações.[20]

Em algumas situações de trauma continuado, um forte senso de comunidade se desenvolve na medida em que as pessoas se unem para ajudar umas às outras. Conforme sublinhado na próxima seção, o oposto também pode ocorrer: a confiança entre as pessoas é perdida sob as adversidades de instabilidades econômicas, políticas e sociais. As pessoas podem se tornar desconfiadas e hostis entre si, especialmente entre grupos diferentes. Às vezes, os políticos deliberadamente criam situações para destruir a confiança. Conforme a insegurança aumenta e as identidades são ameaçadas, as pessoas se retiram às suas próprias facções ou comunidades, religiões, etnias ou grupos familiares fechados.

OS TRAUMAS DE GRANDES GRUPOS

Os traumas de grandes grupos que impactam diretamente grupos ou sociedades inteiras incluem desastres naturais, acidentes causados por humanos e atos lesivos deliberados – ou uma combinação disso tudo. (O furacão Katrina e o tsunami de 2004 são exemplos disso). Vamik Volkan passou muitas décadas trabalhando em cenários de conflito sociopolítico de grande escala e estudando os efeitos imediatos e futuros do trauma em grandes grupos, em sociedades de várias partes do mundo.

Volkan descreve as reações comuns a desastres naturais como sendo o choque, o caos, a culpa do sobrevivente e uma preocupação com imagens de morte e destruição, que geralmente duram meses e até anos. Os sobreviventes experimentam uma ansiedade persistente e compartilhada por terem perdido a confiança na "Mãe Natureza". Após um período de luto, a regeneração ocorre.[21] Decerto, a magnitude e a natureza do desastre afetam o tempo de duração desse processo. A simples magnitude de tragédias como o tsunami de 2004 e o furacão Katrina provoca efeitos de longo prazo.

> Os traumas mais difíceis são aqueles causados deliberadamente.

No caso de desastres causados por falhas humanas – o vazamento radioativo em Chernobyl, ou o desabamento de prédios de apartamentos construídos precariamente, ou o colapso das barragens que protegiam a cidade de Nova

Orleans do mar –, em geral a culpa recai num pequeno número de indivíduos, numa corporação, ou em organizações governamentais. Ainda que outras pessoas tenham alguma culpabilidade – e talvez a ganância e a negligência tenham colaborado –, o fato de ninguém ter causado o dano **deliberadamente** faz diferença para nós. Os acordos sobre os danos sofridos auxiliam as pessoas impactadas a ter uma sensação de vindicação.[22]

De acordo com Volkan, os traumas mais difíceis são aqueles causados propositalmente por outras pessoas.[23] A crueldade dos atos lesivos calculados nos impacta de modo intenso. Com frequência, isso leva a uma série previsível de comportamentos reativos por parte das vítimas, que podem dar início a ciclos de violência. Reagimos com medo, fúria, impotência, humilhação, aumento de identidade de grupo e desejo de vindicação. Temos necessidade de justiça e, quando essa necessidade é ignorada, podemos ir atrás de vingança. Sem a sensação de justiça, atos danosos deliberados podem se tornar "traumas escolhidos", um evento traumático compartilhado que é "escolhido" para ser mantido vivo através de gerações e se tornar parte integral da identidade de um grupo. Traumas escolhidos caracterizam-se por uma sensação obsessiva de ser injustiçado pelo "outro" e por um senso de direito a ser satisfeito.[24]

> "O passado não está morto. Na verdade, nem é passado."
> William Faulkner

Esses vestígios de trauma nos levam ao próximo capítulo: o ciclo do trauma não curado.

CONTINUIDADE DOS CICLOS: TRAUMA NÃO CURADO

A dor que não é transformada é transferida.
Richard Rohr

Quando a violência do trauma – resultante de terrorismo ou de tsunamis – abala nossa segurança, nos vemos em uma encruzilhada. Podemos começar a transformar o sofrimento em algo significativo e restaurativo, um presente ao mundo. Esse é o foco do capítulo 5.

> Quando eventos traumáticos acontecem, nos vemos em uma encruzilhada.

No presente capítulo, contudo, examinaremos o outro caminho, escolhido com demasiada frequência, caminho em que as reações normais de trauma se tornam ciclos destrutivos de vitimização ou violência. Os resultados dessa escolha são diariamente evidenciados na mídia e nas histórias que indivíduos ou grupos relatam sobre uma doença ou morte, perda, traição, batalha ou guerra. Os temas são sofrimento, injustiça, medo, desesperança, impotência, vergonha, humilhação, fúria, retaliação e ódio.

Fred Luskin chama essas narrativas repetitivas de "histórias de mágoa".[25] Indivíduos e grupos com histórias de mágoa que não mudam ficam empacados. As reações normais e comuns ao trauma, discutidas no último capítulo, se perpetuam, tornando-se ciclos destrutivos de vitimização ou violência.

Usando o Ciclo inimigo/agressor da página 49, examinaremos esses ciclos dos traumas não curados, de indivíduos e de grandes grupos, incluindo alguns dos complexos fatores que os influenciam. Veremos como isso pode levar aquele que sofreu um trauma a dar início a fatais ciclos de violência toma lá dá cá, com consequências que se arrastam por meses, anos e até séculos. Mas primeiro, uma explicação sobre a estrutura comumente utilizada para a compreensão do trauma não curado: transtorno de estresse pós-traumático (TEPT).

LIMITAÇÕES DE SE DEFINIR TRAUMA NÃO CURADO PELO PRISMA DO TEPT

Transtorno de estresse pós-traumático (TEPT) é um diagnóstico dado a indivíduos por profissionais médicos, ou de saúde mental, quando graves reações ou sintomas de trauma duram mais do que um mês. Os sintomas incluem reviver de modo persistente o evento traumático, evitar reiteradamente os estímulos sensoriais associados ao evento, amortecimento da capacidade de reação em geral e sintomas persistentes de excitação aumentada.[26]

Há uma discussão em curso sobre a utilidade desse tipo de diagnóstico e a abrangência de sua aplicação, especialmente em eventos de grande escala, traumas continuados e em sociedades não ocidentais. É do entendimento geral que uma pequena porcentagem da população sofrerá com reações severas e precisará de cuidados de saúde mental. Há quem entenda, porém, que o uso abrangente desse diagnóstico acaba por patologizar reações normais a situações traumáticas.

Entretanto, há também o perigo de que as reações ao trauma possam ser **subestimadas** e, portanto, minimizadas caso o TEPT for o padrão pelo qual mediremos o trauma. Como vimos antes, o trauma impacta o corpo, a mente e o espírito. Durante o trauma continuado, ou logo após um evento traumático, indivíduos e grupos podem parecer calmos e "normais" apenas com reações pós-traumáticas leves, ou até sem nenhuma reação. Os seres humanos são imensamente resilientes e muitas pessoas, de fato, lidam bem com o trauma. Contudo, se o trauma não for enfrentado, ou se ainda estiver em curso, muitas pessoas podem experimentar um anestesiamento paralisante (constrição) ou hiperexcitação interna, ou alternar entre esses dois estados. A "prova" da resiliência não reside na ausência de reações pós-traumáticas, nem na habilidade de seguir com as atividades normais (*e.g.*: continuar indo à escola ou ao trabalho), mas na **qualidade** dos relacionamentos e no comportamento de indivíduos, comunidades e sociedades nos meses, anos e séculos que se seguem. Precisamos olhar para o modo como o trauma se expressa em comportamentos de reprodução do evento, por indivíduos, grupos e sociedades, para compreendermos o impacto total de eventos ou momentos traumáticos.

REPRODUÇÃO E EVENTOS DEFLAGRADORES

Comportamentos que reproduzem o trauma – aqueles que direcionam a energia de um trauma não curado contra a própria pessoa (agindo para dentro) ou contra outras pessoas (agindo para fora) – são sinais de estresse e de trauma não curado[27] (veja quadro a seguir). Esses sinais de que há um problema (em geral inconsciente) se intensificam perto das datas de aniversário do evento traumático. Paradoxalmente, as repetições representam tentativas de resolver os efeitos do trauma. Os comportamentos de repetição são um grande problema de saúde pública e indicam que pessoas e grupos necessitam de ajuda psicossocial e espiritual.

Exemplos de repetição do trauma

Agir para dentro
(direciona a energia do trauma para si mesmo)

- Abuso de substâncias
- Comer demais ou de menos
- Automutilação
- Depressão
- Ansiedade
- Excesso de trabalho
- Doenças físicas
- Suicídio

Agir para fora
(direciona a energia do trauma para fora ou para os outros)

- Abuso doméstico
- Abuso de menores
- Atividades com gangues
- Atividades criminosas
- Comportamentos de alto risco
- Comportamentos agressivos
- Conflitos repetitivos
- Guerra

Outros sinais de sofrimento em indivíduos e sociedades:

- Apatia (inclusive em relação à vida cívica, à política, ao desenvolvimento, baixa produtividade)
- Comunicação debilitada (silêncio, supressão da verdade)
- Falta de empatia e intolerância a diferenças
- Pensamento dicotômico, pensamentos do tipo 8 ou 80
- Inabilidade de confiar
- Degradação ambiental
- Altas taxas de disfunções sexuais e prostituição
- Altas taxas de uso de medicamentos

Este quadro é propriedade intelectual do Center for Justice and Peacebuilding, da Eastern Mennonite University.

Os efeitos do trauma não curado podem, muitas vezes, ser percebidos na maneira como um evento, aparentemente de menor importância (um cheiro, gesto, tom de voz, dinâmica de grupo, ou símbolo) pode disparar uma reação intrusiva ou uma memória, consciente ou inconsciente, que nos leva a uma reação da função inferior do cérebro. Quanto mais tempo levarmos para lidar com o trauma, maior a probabilidade de as ligações neurais correlatas se reforçarem pelo mecanismo de ativação e conexão, tornando-se uma reação padrão.

FUNCIONAMENTO PREJUDICADO

Como vimos, o trauma perturba a habilidade do córtex orbitofrontal de nos ajudar a funcionar como indivíduos pensantes e emocionalmente inteligentes. A neurobiologia tem focado principalmente em indivíduos, ao invés de grupos ou sociedades. Contudo, as descrições de Martha Cabrera e Vamik Volkan de sociedades que lidam com traumas continuados de larga escala são, de maneira surpreendente, similares às descrições de indivíduos prejudicados pelo trauma.

No capítulo 3 vimos que esses problemas incluíam a regulação das emoções, abrangendo as reações de medo do sistema límbico; a flexibilidade; a sensação de empatia pela dor de outros; ter autoconsciência; agir eticamente e com altruísmo. Na Nicarágua, após décadas de conflito, Cabrera percebeu uma habilidade reduzida de comunicação, capacidade reduzida de flexibilidade e tolerância, e perda de confiança entre as pessoas. Ela também percebeu apatia, isolamento, agressividade, enfermidades somáticas crônicas, aumento da violência doméstica e do número de suicídios, bem como inabilidade de ver a história pelos olhos de outra pessoa.[28]

Volkan observou que as sociedades com traumas e conflitos extensos tipicamente exibem o que John Mack chama de "egoísmo de vitimização";[29] isto é, a inabilidade de olhar além da própria dor a fim de ter empatia com o sofrimento de outras pessoas. Consequentemente, há pouco remorso pelo cometimento de violência retaliatória e incapacidade de assumir responsabilidade pelas vítimas e pelos sofrimentos causados pelas próprias ações.[30]

LUTO INCOMPLETO

A vivência saudável do pesar e do luto é crucial para a cura do trauma, seja no caso de perdas individuais, efeitos do terrorismo ou desastres naturais. Vivenciar o luto nos permite superar a imobilidade, o anestesiamento, ou a supressão que, num primeiro momento, nos protegeram de uma dor insuportável.

O pesar e o luto descongelam o corpo, a mente e o espírito para que possamos pensar de modo criativo, sentir integralmente e seguir adiante de novo. Contudo, de maneira frequente o pesar é frustrado por inúmeras razões.

> A vivência saudável do pesar e do luto é crucial para a cura do trauma.

Em primeiro lugar, a intensidade dos sentimentos, quando saímos da negação e do anestesiamento, pode parecer esmagadora, como a própria morte. Os sentimentos variam: da humilhação à ira, do medo ao desespero. Então, o trauma continua a ser suprimido quando tentamos ser fortes, "superar" e seguir em frente. Entretanto, a raiva geralmente permanece, ardendo abaixo da superfície. Estudos sobre o cérebro demonstram que a raiva e a ira bloqueiam a habilidade de viver o pesar, dificultando ainda mais o processo de luto.

Em segundo, não podemos vivenciar o luto daquilo que não reconhecemos. Talvez o "nosso lado" tenha perdido ou sido humilhado. Talvez tenhamos "vencido", mas temos que lamentar nossas perdas possa significar, de alguma forma, que "o outro" conseguiu tirar algo de nós. Às vezes, saber a verdade sobre o que aconteceu pode simbolizar a destruição do último fio de esperança.[31]

Terceiro, o reconhecimento é uma forma de dizer a verdade, que, por essa razão, pode ameaçar as ordens social, econômica ou política. Por exemplo, as famílias frequentemente minimizam os problemas de abuso de substâncias ou se voltam contra os familiares que apontam a existência do abuso – por medo de que isso trará incômodo à sua vida. No âmbito nacional, aqueles que buscam denunciar atrocidades, eventos ou políticas não muito honrosas podem ser taxados de impatrióticos. Pior ainda, essas pessoas podem ser desacreditadas, silenciadas ou até assassinadas.

Em quarto lugar, em algumas circunstâncias não é possível saber o que aconteceu, como em casos de crimes não desvendados, soldados capturados ou desaparecidos no campo de batalha, suicídios, ou pessoas que são presas secretamente. Tais casos levam a uma situação, nos dizeres de Pauline Boss, de "luto ambíguo" ou de "pesar congelado", tanto para entes queridos quanto para a sociedade como um todo.[32] Mesmo quando os sobreviventes querem saber a verdade, o reconhecimento só pode acontecer aos poucos e em etapas, à medida que a informação se torna acessível.

Quinto, o luto e o pesar podem ser deixados de lado se os eventos traumáticos forem agudos e continuarem em curso, como em partes do Oriente Médio e da África ocidental. O foco passa a ser a sobrevivência, visto que a preocupação pela segurança, dia após dia, prevalece acima de todo o resto.

Sexto, a vivência do luto também pode ser afetada pela ausência do corpo de um ente querido falecido, ou por testemunhar o enterro de um familiar numa vala coletiva sem os rituais religiosos e culturais de costume, como após o tsunami de 2004. Marie compartilha parte da sua história:

Assim que permitiram o trânsito aéreo, fui para Nova York. Seguimos o procedimento no caso da ausência de algum resto mortal. Considerei que meu irmão foi cremado, e não tenho nada contra cremação. Mas, mesmo assim, isso me afetou. A ausência de um corpo, de um túmulo. Deve ser uma das coisas mais difíceis que as pessoas de todo o mundo enfrentam quando alguém morre longe de casa, ou em caso de enterros coletivos, ou quando não há restos mortais.

Obstáculos ao luto:

- Medo de se sentir arrasado;
- Inabilidade de enfrentar o que aconteceu;
- Ameaças à "ordem" conhecida;
- Verdade que não pode ser conhecida;
- Trauma em andamento;
- Impossibilidade de promover os rituais habituais.

A despeito das razões que levam ao luto incompleto, o pesar congelado resultante disso impede a cura e faz com que populações inteiras mostrem maior suscetibilidade de agir a partir do cérebro inferior. O medo comum pode tomar a forma de pânico e paranoia; a dor pode tomar a forma de desespero; a raiva, de ira; a humilhação e a vergonha, de um movimento obsessivo por vingança. A busca por um equilíbrio entendido como justiça pode ser confundido com retaliação e vingança. Se as necessidades de justiça (resumidas no capítulo 3) não forem atendidas, esses padrões e frustrações se intensificarão. Ainda mais assustador é o fato de que somos mais suscetíveis às narrativas construtoras de significado que nos levam do lugar de vítimas/sobreviventes para o lugar de agressores.

O CICLO DO INIMIGO/AGRESSOR[33]

Quando o trauma estraçalha o nosso mundo, procuramos maneiras de explicar o que aconteceu. Contamos histórias ou narrativas que buscam dar significado aos eventos. Sob a pressão de ameaças, medo, ressentimento e necessidades não atendidas, geralmente nos apegamos inconscientemente a narrativas familiares e as seguimos sem refletir. A seguir, dois padrões de narrativa que frequentemente adotamos nesse tipo de situação.

Narrativas comuns:
- Bem *vs.* mal
- Violência que salva

Na hora elas parecem lógicas e até honrosas. Afinal de contas, são conexões neurais familiares. Contudo, a segunda parte do modelo – o ciclo inimigo/agressor da página 49 demonstra como esses roteiros de construção de significado podem levar a ciclos mortais de violência que impactam famílias, comunidades e nações por gerações.

Essa parte do modelo diz respeito a expressões reativas de dentro para fora. Embora num primeiro momento tais reações possam parecer mais relacionadas a situações como ataques terroristas, dinâmicas similares ocorrem com pessoas que passam por experiências de desastres naturais ou violência estrutural (veja a história de Jean Handley, p. 59-60).

Ainda que o Ciclo inimigo/agressor siga uma progressão mais previsível do que o Ciclo sobrevivente/vítima, poucas situações são perfeitamente lineares. Como colocado anteriormente, os números em cada um dos quadros têm o propósito de facilitar a referência na explicação a seguir. Esses conceitos foram originariamente aplicados a conflitos de grandes grupos e esse será o foco da discussão. Entretanto, também poderão ser aplicadas para casos individuais, como um caso complicado de divórcio.

O Ciclo inimigo/agressor não é uma reação inevitável diante de eventos traumáticos, mas é muito comum. Na verdade, Volkan fala dessas reações como "os rituais da psicologia de grandes grupos" que vêm à tona onde haja conflitos, hostilidades ou guerras étnicas, nacionais ou religiosas.[34] Esse ciclo é acionado quando a cura não ocorre e os diferentes grupos se percebem como vítimas que foram injustiçadas (1). O senso de vitimização pode derivar de eventos históricos, como um trauma escolhido, ou de uma crise recente, quando o orgulho e a identidade de um grupo, que antes usufruía de um ambiente seguro, são dilacerados por uma ameaça provocadora ou um ataque surpresa.

> "No âmbito vivencial, o que ocorreu há séculos produz eco nos acontecimentos da semana passada."[35]
> Douglas R. Baker

Independente da origem, quanto mais a segurança de um grupo é estraçalhada ou ameaçada, maior o apego dos membros à sua identidade de grupo (2). Uma sensação de "nós contra eles" se desenvolve ou se aprofunda e é expressa pelo patriotismo ou por símbolos grupais como bandeiras, músicas, vestimenta, comida e outros costumes.

CONTINUIDADE DOS CICLOS: TRAUMA NÃO CURADO

Ciclo inimigo/agressor e Ciclo sobrevivente/vítima

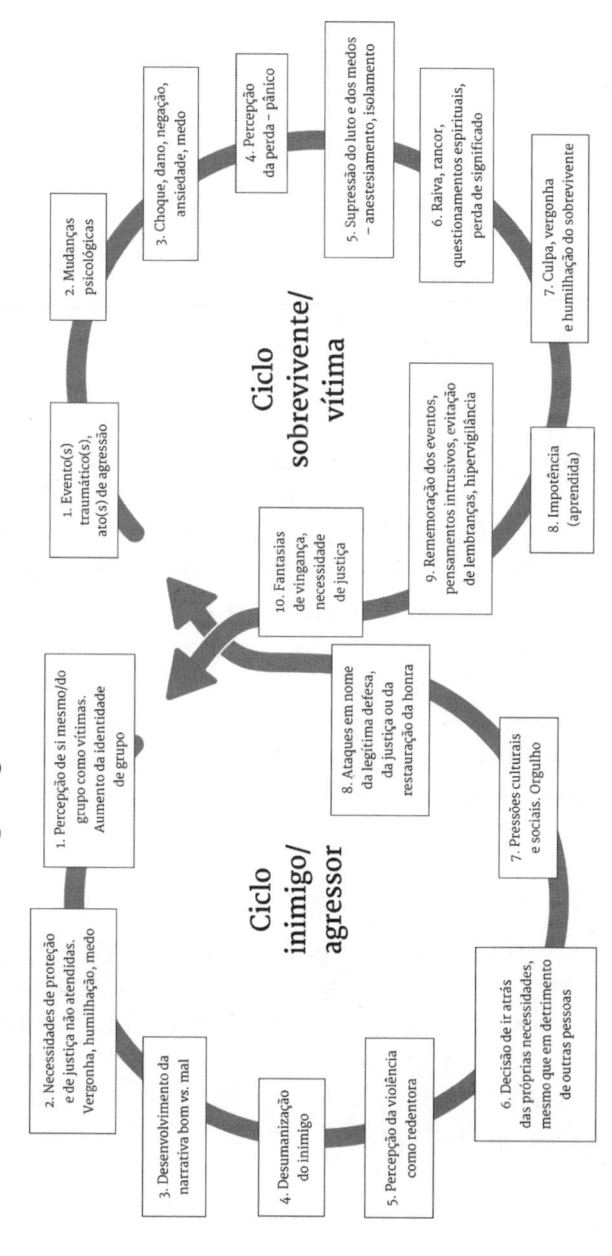

Ciclo sobrevivente/vítima

1. Evento(s) traumático(s), ato(s) de agressão
2. Mudanças psicológicas
3. Choque, dano, negação, ansiedade, medo
4. Percepção da perda - pânico
5. Supressão do luto e dos medos – anestesiamento, isolamento
6. Raiva, rancor, questionamentos espirituais, perda de significado
7. Culpa, vergonha e humilhação do sobrevivente
8. Impotência (aprendida)
9. Rememoração dos eventos, pensamentos intrusivos, evitação de lembranças, hipervigilância
10. Fantasias de vingança, necessidade de justiça

Ciclo inimigo/agressor

1. Percepção de si mesmo/do grupo como vítimas. Aumento da identidade de grupo
2. Necessidades de proteção e de justiça não atendidas. Vergonha, humilhação, medo
3. Desenvolvimento da narrativa bom vs. mal
4. Desumanização do inimigo
5. Percepção da violência como redentora
6. Decisão de ir atrás das próprias necessidades, mesmo que em detrimento de outras pessoas
7. Pressões culturais e sociais. Orgulho
8. Ataques em nome da legítima defesa, da justiça ou da restauração da honra

Baseado no modelo de Olga Botcharova © 1988, em *Forgiveness and Reconciliation*. Templeton Foundation Press. Adaptação do modelo de Botcharova © EasternMennonite University. Center for Justice and Peacebuilding, 2002. Todos os direitos reservados.

NARRATIVAS "BEM VS. MAL"

Em um clima de alerta máximo, os grupos adotam impensadamente narrativas de "bem vs. mal" para explicar o que aconteceu e oferecer uma sensação de vindicação (3). Isso permite ao lado "bom" projetar suas características indesejadas no inimigo, que, por sua vez, é despido de bondade humana.[36] A projeção do "mau" no outro desvia a atenção das insuficiências do lado "bom", de como este alimenta o conflito e suas próprias disfunções e aflições sociais internas. Em essência, o "outro" se torna o bode expiatório a ser sacrificado.

Os líderes, a mídia e os cidadãos impetuosos conseguem sustentar narrativas de "bem vs. mal" até que elas adquirem vida própria. Esse tipo de história pode se tornar o trauma escolhido a partir do qual determinado grupo organiza sua identidade coletiva. Determinada narrativa de trauma, uma vez enraizada em uma cultura, é difícil de ser dissipada.

Nessa atmosfera, a verdade é a primeira vítima. Os fatos são distorcidos, as motivações são aumentadas, heróis e vilões são criados. Desafiar a narrativa é algo visto como traição.

Quando um grupo ou nação adere à narrativa "bem vs. mal", facilmente passa a demonizar e a desumanizar o outro (4). Rótulos como "terrorista", "eixo do mal" ou "infiel" são mesclados com descrições como: "desumano", "louco", "animal", "bárbaro". Quando o outro é desumanizado e demonizado, os padrões morais de sacralidade da vida não se aplicam. Logo ganha força uma perigosa análise simplista, com soluções igualmente simplistas: se as pessoas ou grupos malévolos são a causa, então a solução é nos separarmos deles, de alguma forma nos livrarmos deles, ou até mesmo matá-los.

NARRATIVAS DE "VIOLÊNCIA QUE SALVA"

O segundo padrão narrativo comum é a antiga narrativa da violência redentora: uma violência da qual precisamos para superar a violência (5). A violência parece ter o poder de nos fazer sentir mais seguros, de nos manter livres e de restaurar um senso de orgulho e honra.[37] Na história de Lam, ele diz:

> *O sentimento de "trauma escolhido" tomou conta de comunidades e tribos inteiras. Elas justificam atos de vingança pela sua vitimização e identificam conterrâneos como "o outro" que merece sofrer. Por exemplo: a maioria das pessoas justificou o uso de táticas militares de "terra arrasada" porque "nós também sofremos nas mãos deles". Todos da região norte eram rotulados "anya-nya", assassinos que merecem ser assassinados. Muitas pessoas inocentes foram assassinadas das maneiras mais cruéis – queimadas vivas presas em colunas de pneus até o pescoço.[38]*

Como sugerem Gil Bailie e outros, a narrativa da violência que salva pode ser aplicada ao futuro, justificando a violência contra o "outro". Ela também pode ser aplicada ao passado, justificando e ajudando a explicar o presente.[39]

O PAPEL DOS LÍDERES

Ameaças e segurança são questões reais que precisam ser enfrentadas por grupos e nações. Mas, quando líderes e cidadãos estão hipervigilantes e as emoções estão à flor da pele, muitas vezes é difícil determinar o verdadeiro tamanho da ameaça (6-7). Ainda que isso não seja intencional ou consciente, os "líderes malignos", como classificados por Volkan,[40] escalam a ansiedade e o medo ao:

- Ampliar os perigos;
- Misturar realidade e fantasia;
- Despejar na população constantes lembretes sobre iminentes ameaças potenciais não específicas;
- Promover manipulações ao ocultar, distorcer ou desvirtuar fatos, objetivos e situações;
- Dedicar-se a xingamentos;
- Rotular visões discordantes como não patrióticas ou traidoras;
- Promover desumanização pelo uso das dicotomias "nós/eles" e "bem/mal".

Em circunstâncias traumáticas, a percepção é tão importante quanto a verdade no tocante às reações em grupo e à disposição de seguir tais líderes. Quanto maior a ameaça percebida, mais forte se torna a identidade de grupo ou o senso de nacionalismo, e maior a possibilidade de que a morte sacrificial em prol de um líder ou país seja considerada preferível à perda de identidade. Igualmente, quanto maior a ameaça percebida, maior o "egoísmo da vitimização", isto é, a tendência de se tornar tão focado na própria dor e ofuscado por ela que deixamos perceber a dor que causamos aos outros.[41]

Louise Diamond, cofundadora do Institute for Multi-Track Diplomacy [Instituto de diplomacia multilateral], oferece a seguinte descrição desse tipo de situação:

Vi líderes políticos do mundo inteiro usarem o medo para manipular as pessoas. É uma tática comum, cujo objetivo é garantir que aquele que está no poder continue no poder. Essa tática apela para aspectos mais inferiores da consciência humana, ao invés dos superiores. Manter as pessoas hipnotizadas, perdidas em uma bruma de medo, significa mantê-las impotentes, minando assim a democracia e evitando a evolução da sociedade e do espírito humanos.[42]

Indivíduos, grupos e nações traumatizados reencenam essas narrativas arcaicas como se estivessem adormecidos, indiferentes ao grandioso drama em andamento. Independente do nome que damos a esse fenômeno – viver sem consciência, função do cérebro inferior, estado de negação coletiva, natureza inferior, repetição do trauma, pecado ou pensamento coletivo – o resultado final é o mesmo: um ataque contra "o outro" é justificado em nome da autodefesa, da justiça, da segurança, da honra ou da liberdade (8).

> Geralmente, as percepções são tão importantes quanto a verdade.

Porém, a segurança almejada, pela qual lutamos e morremos, raramente é uma solução de longo prazo. A violência, ainda que limitada a parâmetros de uma guerra justa ou santa, deixa um rastro de pessoas e sociedades mais traumatizadas, humilhadas, hipervigilantes, rancorosas, amedrontadas e pesarosas. Isso cria mais grupos com desejo aumentado de identificação com suas narrativas de bem *vs.* mal, e com necessidades de justiça e vindicação. Isso dá início a mais ciclos sobrevivente/vítima, que podem se transformar em novos ciclos violentos inimigo/agressor. Então, geram-se mais histórias de toma lá dá cá, como as que povoam os noticiários. Diz Lam:

> *A violência foi institucionalizada como reação a questões políticas que demandavam diálogo e compreensão. O desejo de vingança apenas perpetuou a violência.*

OS CICLOS ATRAVÉS DAS GERAÇÕES

Ao contrário do que reza o adágio popular, o tempo não cura todas as feridas. O trauma que não foi curado é passado de geração em geração dentro das famílias, comunidades e nações. Ele **se expressa para dentro** na forma de depressão, ansiedade, abuso de drogas, violência doméstica ou contra crianças e afeta sistemas familiares, comunitários e sociais. Ele **se expressa para fora** pelos processos que acabamos de discutir.

Gerações sucessivas carregam o fardo do pesar congelado e dos comportamentos externos e internos dos mais velhos. Além disso, às diversas gerações podem ser designadas "tarefas compartilhadas", como o pesar continuado da perda vivida pelos ancestrais, o sentimento de vitimização das outras gerações, sua busca por justiça ou a obtenção de vingança. O denominador comum em todas essas tarefas compartilhadas é manter vivas as memórias do grupo maior. Geralmente, essas tarefas não podem ser concluídas de modo efetivo pela próxima geração, e portanto são transmitidas de novo para a geração seguinte, às vezes de forma diferente.[43]

> Com frequência, a violência gera trauma. E boa parte das vezes o trauma leva a mais violência.

O que os indivíduos e as sociedades podem fazer para evitar ficar presos no ciclo de vitimização e de violência em tempos de insegurança? Como os líderes – tão traumatizados quanto seus cidadãos – podem proporcionar segurança em curto e longo prazo sem, contudo, dar início a ciclos de violência toma lá dá cá?

No próximo capítulo, examinaremos um mapa criado por pessoas que estavam no abismo e estão buscando uma saída. É uma forma que não preconiza a passividade diante da ameaça, nem a violência como caminho para a segurança.

5

ROMPENDO OS CICLOS: A JORNADA PARA A CURA E A SEGURANÇA

Se algo terrível aconteceu com você ou às pessoas que ama, o ódio, o rancor, a vontade de vingança são reações compreensíveis e normais. O problema é que [...] isso não destruirá nossos inimigos; destruirá a nós mesmos. Precisamos achar maneiras de reconhecer o veneno e deixá-lo ir embora. Essa é uma jornada que precisamos percorrer.

Padre Michael Lapsley, SSM[44]

A parte III do modelo "Rompendo os Ciclos" (página 57) trata de como encontrar segurança pela cura do trauma e pela transformação dos relacionamentos. Baseia-se em um paradoxo revolucionário: ganhamos segurança quando promovemos igualmente a segurança de vizinhos, amigos e inimigos. As ideias aqui apresentadas não são perfeitas nem completas. São apenas parte da busca para encontrar uma forma de resposta à violência e ao trauma que respeite a vida.

Ir além das reações de fugir, lutar ou congelar requer atenção à cura do corpo, da mente e do espírito. Martha Cabrera descreve a necessidade de "reconstrução afetiva e espiritual" em indivíduos, comunidades e sociedades que experimentaram a violência. Peter Levine fala de resiliência, criatividade, espírito cooperativo e de uma sensação de triunfo experimentados por aqueles que se curam. Paula Gutlove, dentre outros, ressalta a importância da cura psicossocial; isto é, atividades psicológicas e de suporte social que auxiliam as sociedades a funcionar de maneira estável e saudável na sequência de conflitos.[45]

> Um paradoxo: tornamo-nos mais seguros quando promovemos a segurança dos nossos amigos e inimigos.

No programa STAR, notamos que as pessoas anseiam por maneiras de responder às ameaças, maneiras que não dependam de atacar outros grupos. Acreditamos que, se uma pequena parte dos recursos intelectuais e financeiros dedicados a métodos de defesa por intermédio da guerra fosse dedicada à cura social do trauma (e a treinamentos de membros da sociedade civil e de governos sobre como responder ao perigo de maneira não violenta), estaríamos todos muito mais seguros.

FUNDAMENTOS DO MODELO

Antes de ler a próxima seção, recomendo que você examine o diagrama a seguir, "Rompendo os Ciclos". O ciclo interno é uma combinação abreviada dos ciclos de vítima e de agir para fora. As linhas tracejadas sugerem que é possível romper tais ciclos a qualquer momento.

Como as outras partes do modelo, esse diagrama bidimensional não abrange a complexidade dinâmica do trabalho por segurança duradoura e cura do trauma. Ademais, pode parecer que, na discussão subsequente, deu-se um salto do âmbito pessoal para o comunitário. Ocorre que o pessoal é geralmente comunitário ou social, e vice-versa.

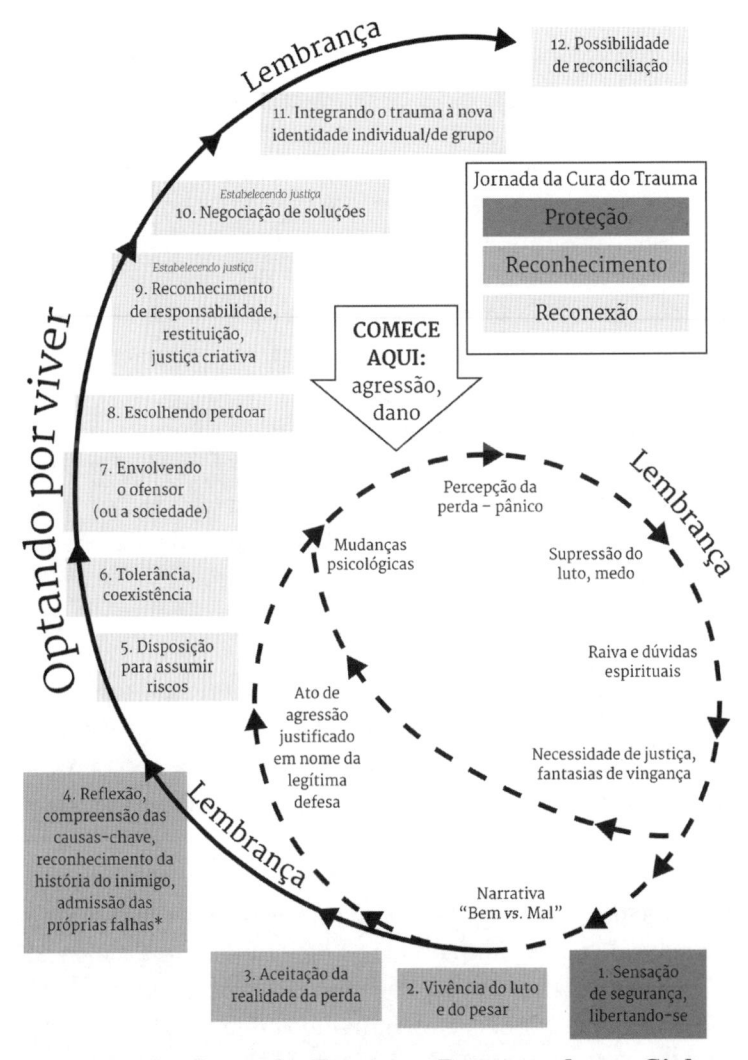

Jornada da Cura do Trauma: Rompendo os Ciclos

Jornada da Cura do Trauma
- Proteção
- Reconhecimento
- Reconexão

COMECE AQUI: agressão, dano

Ciclo interno (Lembrança):
- Percepção da perda – pânico
- Supressão do luto, medo
- Raiva e dúvidas espirituais
- Necessidade de justiça, fantasias de vingança
- Narrativa "Bem vs. Mal"
- Ato de agressão justificado em nome da legítima defesa
- Mudanças psicológicas

Caminho externo (Optando por viver / Lembrança):

1. Sensação de segurança, libertando-se
2. Vivência do luto e do pesar
3. Aceitação da realidade da perda
4. Reflexão, compreensão das causas-chave, reconhecimento da história do inimigo, admissão das próprias falhas*
5. Disposição para assumir riscos
6. Tolerância, coexistência
7. Envolvendo o ofensor (ou a sociedade)
8. Escolhendo perdoar
9. Reconhecimento de responsabilidade, restituição, justiça criativa *(Estabelecendo justiça)*
10. Negociação de soluções *(Estabelecendo justiça)*
11. Integrando o trauma à nova identidade individual/de grupo
12. Possibilidade de reconciliação

* Isto não se aplica a todos os casos. Por exemplo, nos casos de abuso sexual de menores, em que as pessoas traumatizadas não possuem responsabilidade sobre o que aconteceu.

Baseado no modelo de Olga Botcharova, de 1988, em *Forgiveness and Reconciliation*, Templeton Foundation Press (todos os direitos reservados). Esta adaptação do modelo de Botcharova é criação da Eastern Mennonite University, Center for Justice and Peacebuilding, 2002.

É importante reiterar que os "pontos" no ciclo de fora estão numerados não porque se trate de um processo linear, mas para fazer referência a eles com mais facilidade. O formato em caracol é, em si mesmo, uma metáfora: o processo pode levar meses, anos, até décadas. Uma explicação detalhada dos doze pontos está além do escopo do presente livro, mas todos estão contidos nos três principais referenciais temáticos que serão tratados: Proteção, Reconhecimento e Reconexão.[46] Outros livros desta série tratam de partes desse ciclo em maior detalhe.[47]

Essa parte do modelo foi originariamente construída para descrever o processo de cura em resposta à violência causada por humanos. Contudo, muitos dos pontos são aplicáveis a casos de desastres naturais e às questões de justiça que geralmente os acompanham.

SEGURANÇA: LIBERTANDO-SE (1)

A sensação de segurança é fundamental para a cura do trauma. É o melhor antídoto à ameaça e ao medo.[48] De fato, frequentemente se diz que a segurança é uma precondição para a cura.

Entretanto, as muitas situações de conflito e violência em curso no mundo levam a uma questão circular: se a cura precisa aguardar uma eclosão de segurança e paz, e se o trauma não curado contribui para ciclos de vitimização e violência, pode haver paz sem cura? Pode haver cura sem paz?

Todos nós conhecemos indivíduos que venceram a despeito da falta de segurança. Viktor Frankl experienciou liberdade interna, mesmo em um campo de concentração.[49] Em 1999, Lam Cosmas se tornou líder da Acholi Religious Leaders Peace Initiative [Iniciativa de Paz de Líderes Religiosos Acholi], organização inter-religiosa de líderes muçulmanos e cristãos comprometidos com a construção de paz nessa região ainda perigosa. Inúmeras outras pessoas, cujas histórias não são amplamente disseminadas, acharam maneiras de viver como pessoas compassivas a despeito do trauma, do perigo e das razões para retaliar. Da mesma forma, comunidades que talvez tenham reagido com ódio e violência têm demonstrado habilidade de viver de modo não violento.

Após o furacão Katrina

Perdi minha casa, minha comunidade e meu sustento como resultado do furacão Katrina. Agora vivo em Memphis com minha irmã. Como muitas outras pessoas, não sei o que vou fazer. Estamos todos lidando com a sobrevivência: comida e vestimenta, a ajuda do FEMA (Federal Emergency Management Agency) [Agência Federal de Gestão de Emergência dos Estados Unidos] e vales-refeição.

De início eu estava zangada pelo modo como esse desastre foi gerido pelo governo federal. Eu não estava com raiva de uma pessoa específica, mas pensava apenas no que aconteceu com quem foi deixado na cidade, as pessoas mais vulneráveis. Antes do furacão muitas pessoas já estavam morrendo lentamente por suas condições de vida. Mas você pode imaginar a vergonha e humilhação de ser deixado para trás sem comida, água ou remédios, no meio da sujeira, vendo pessoas morrer e, até onde podiam perceber, sem que alguém se importasse ou soubesse da situação? A desumanização parecia extrema.

Daí teve a questão ambiental. Eu sabia de pessoas que trabalhavam na proteção das áreas pantanosas e no reforço dos diques, mas os fundos destinados para o sistema de águas e esgoto que serviriam para reforçar os diques foram desviados nos últimos anos, pelo que ouvi falar.

Passaram-se vários dias até eu reconhecer que estava interpretando tudo o que aconteceu em termos de "nós *vs.* eles", e percebi que eu havia sucumbido a um estado de espírito violento. Claro que eu queria ver as pessoas sendo responsabilizadas, mas sabia que a minha própria atitude apenas aumentava o problema.

> Após me desapegar desses julgamentos, comecei a entender que isso era uma oportunidade para não mais desistir do meu/nosso poder diante dos governos e sistemas, e para voltar a cuidar uns dos outros como uma comunidade de humanos. Eu não desconsiderei as perdas, a separação de crianças e famílias, o desafio perante o esforço de alguns em transformar Nova Orleans numa comunidade de classe média branca. Mesmo assim, era uma oportunidade para todo cidadão comum de seguir em frente e abraçar os desafios.
>
> Nesse processo de me desvencilhar da tendência de culpar, me aproximei de uma sensação de paz interior. O pesar pôde tomar o lugar da raiva, e a reconstrução poderia tomar o lugar do pesar.
>
> Jean Handley

O que desarma a reação de lutar, fugir ou congelar nesses indivíduos e comunidades, permitindo uma cura profunda em meio à ameaça e à insegurança? O que os libera fisiologicamente da função inferior instintiva do cérebro de agir apenas para a própria sobrevivência?

Em oficinas de construção de paz na antiga Iugoslávia, os participantes refletiram sobre momentos nos quais foram ameaçados e, a partir de uma lógica convencional, teriam "o direito" de revidar. Muçulmanos, cristãos e pessoas sem fé religiosa relataram experiências surpreendentemente similares: "pequenas dúvidas secretas" vieram à tona sobre a retidão das ações que haviam aventado. Quando optavam por seguir "uma diminuta voz ainda presente" e não revidavam, percebiam uma verdade profunda: o pior mal não é a morte; o pior mal é trair a própria alma ao ignorar essa voz interior. Como consequência, descobriram que haviam perdido o medo da morte e experienciaram uma significativa sensação de conexão "com essa fonte de poder espiritual". "Elevamo-nos como seres humanos", concluíram, ao "agir bem a despeito da ameaça".[50]

Essas experiências apontam para a habilidade do espírito humano de dar início ao processo de cura e agir de uma forma que vai além das necessidades básicas de sobrevivência, mesmo quando não há como garantir segurança física total. Talvez o saber tradicional sobre segurança precise ser reformulado:
- Que **grau** de segurança?
- Que **tipo** de segurança?

Será que firmeza psicológica, social (em relação a uma comunidade), emocional e espiritual criam espaços seguros, e até mesmo um espaço interior que permite o início da cura apesar da falta de segurança física total? Será que conhecer nossos ideais e valores, e saber pelo que estamos dispostos a morrer[51] proporciona uma força interior que nos impulsiona para além do medo? Será que "agir bem a despeito da ameaça" é a chave para quebrar, prevenir e transcender os ciclos traumáticos de vitimização e violência que minam a segurança em longo prazo? Será que tais posturas surpreendem e baixam a guarda do "inimigo", criando uma fissura na sua armadura; e na nossa? Em caso afirmativo, como promover e cultivar essa habilidade, tanto como indivíduos quanto em sociedades?[52]

Alguns dos fatores que ajudam a cultivar tal postura são:
- O aprendizado de alternativas viáveis, não violentas e não passivas, diante da ameaça;
- O apoio social de dentro e de fora da situação de trauma;
- Uma prática de fé ou espiritual sustentadora;
- Líderes positivos;
- Uma disposição ativa de ir além da vitimização ou violência;
- Um entendimento do ciclo do trauma e ideias de como se libertar dele;
- O uso de técnicas mente-corpo para enfrentar a hiperexcitação.

Herbert Benson, médico da Universidade de Harvard, tem dedicado décadas à pesquisa de formas de estimular a resposta de relaxamento no corpo, práticas que acalmam as reações automáticas controladas pela função inferior do cérebro. Essas "atividades" incluem exercícios repetitivos, orações repetitivas, meditação, ioga, visualização guiada, atenção plena (mindfulness) e relaxamento muscular progressivo.[53] Outras atividades que as pessoas acham úteis incluem a prática de esportes, massagem, tocar tambores, canto, escrita de diário, artes e dança.

Esther Harder, professora voluntária no norte de Uganda, relata o seguinte:

> *Eu uso o futebol como resposta ao medo [...] correr junto à molecada em meio a cupinzeiros e buracos, tentando marcar um gol, é muito mais fácil sentir-se um ser humano normal. Os soldados continuam nas trincheiras e os helicópteros continuam passando acima de nós, mas durante a alegria ensurdecedora da comemoração de um gol, os ombros relaxam e os sorrisos iluminam a escuridão.*[54]

SEGURANÇA: O PAPEL DOS LÍDERES

Em tempo de crise, o modo como os líderes comunitários e nacionais interpretam os eventos, concebem sua narrativa e atendem às necessidades pode inflamar ainda mais a situação ou trazer uma medida de racionalidade e calma em tempos difíceis. Os líderes positivos funcionam como um córtex orbitofrontal auxiliar para seu povo; isto é, eles ajudam a manter a calma para que as pessoas consigam ir além das reações impensadas. Eles lideram o caminho pela crise de uma maneira que não é nem passiva nem violenta. Dependendo da situação, esse auxílio pode vir de conselheiros, líderes religiosos ou políticos, ou pessoas com conhecimento de trauma e construção de paz.

Em contraste às características dos "líderes malignos" apresentadas no capítulo 4, a pesquisa de Volkan identificou alguns traços de líderes positivos ou "restaurativos".[55] Tais líderes ajudam seu povo a:

- Separar fantasia de realidade, e o passado do presente;
- Avaliar e encarar perigos reais para a resolução de problemas;
- Aprender sobre a humanidade dos grupos inimigos;
- Suportar a tensão do paradoxo;
- Restaurar laços nas famílias, clãs e outros grupos que apoiam a reconexão com a realidade;
- Valorizar a liberdade de expressão e apreciar o que é ético.

Contudo, o que acontece quando os próprios líderes são impactados por eventos traumáticos ou se veem envolvidos em visões étnicas e nacionalistas tacanhas? Nesse caso, eles também se beneficiariam de conselhos e recomendações de pessoas ou grupos de fora do seu círculo que os ajudassem a refletir sobre respostas para as ameaças, além de lutar, fugir ou congelar.

Em traumas de grandes grupos, quando até os líderes nacionais são afetados, os aliados do país em questão ou organizações como a OTAN, a União Africana (UA), a Associação das Nações do Sudeste Asiático (ANSEA), a Organização dos Estados Americanos (OEA) ou a Organização das Nações Unidas (ONU) poderiam exercer essa função.

RECONHECIMENTO: LUTO, A VIVÊNCIA DO PESAR DA NOSSA PRÓPRIA HISTÓRIA E A NOMEAÇÃO DOS MEDOS (2-3)

A vivência do luto e do pesar é essencial para encontrar a cura e romper os ciclos. O reconhecimento e a narração da história neutralizam o isolamento, o medo, a vergonha ou o horror "indescritível". Isso permite que a tristeza congelada derreta. Há diferenças de opinião sobre o nível de detalhamento que seria útil para a cura – e mesmo se seria danoso ir muito a fundo nas memórias ou experiências. Entretanto, há uma concordância acerca do fato de que contar a história proporciona a integração dos acontecimentos e das emoções.

Judith Herman ressalta a necessidade de uma abertura gradual para garantir que as memórias e os sentimentos não nos levem novamente a um mergulho na hiperexcitação.[56] Levine usa o termo "renegociação" para descrever a medida do fluxo cíclico entre a soltura de bloqueios de energia no corpo, a sensação das emoções correlatas e o uso do intelecto para evitarmos um movimento muito rápido e o sentimento de sobrecarga.[57] Ele oferece orientações práticas e cuidadosas sobre como contar histórias de modo a não aprofundar o trauma.[58] Muitas culturas tradicionais possuem ou possuíam rituais e cerimônias que permitiam a ocorrência de um processo similar no contexto comunitário.

> O reconhecimento abre caminho para o crescimento pós-traumático.

Várias formas de expressão podem ser usadas: arte, música, dança, teatro, escrita, oração, meditação, rituais culturais e cerimônias de limpeza. Técnicas como massagem e outras formas de trabalhar o corpo e as energias podem ser utilizadas ou ensinadas em contextos comunitários. Pode-se empregar: EMDR – Eye Movement Desensitization & Reprocessing [Dessensibilização e Reprocessamento por meio dos Movimentos Oculares][59], TFT –Thought Field Therapy [Terapia do Campo do Pensamento][60] e Experimentação Somática.[61] Os memoriais podem prover um lugar físico para o luto, uma expressão simbólica de perda e o conforto de que nossos entes queridos não serão esquecidos nem se deixará de reconhecer seu sofrimento.

Quando a história inteira é reconhecida e lamentada – valor, heroísmo, sacrifício, dor, medo, resiliência, traições, humilhações, insuficiências, atrocidades e culpa –, então pode-se deixar de lado a vergonha e a humilhação buscar o perdão, celebrar a coragem e parar de repetir ou reencenar o trauma.

Martha Cabrera observa que, quando seu povo começou a reconstruir, a falar e a refletir a respeito, a assumir suas histórias no nível pessoal e nacional, uma mudança fundamental ocorreu. A despeito de tudo o que acontecera, as pessoas encontraram significado e sentido naquilo que vivenciaram e no que se tornaram. Isso as ajudou a seguir em frente de maneiras positivas.[62]

O reconhecimento, o luto e o pesar subsequentes nos ajudam a aceitar que a vida nunca mais será a mesma. Contudo, enfrentar a possibilidade de uma "nova normalidade" pode trazer à tona um conjunto de medos sobre o futuro, medos que precisam ser identificados e tratados de modo realista. Do contrário, indivíduos ou grupos permanecerão facilmente suscetíveis a gatilhos que podem levá-los de volta aos ciclos de vítima ou de agressor. Enfrentar o passado, a realidade do presente e os desafios do futuro abre caminho para o crescimento pós-traumático.

RECONHECIMENTO: "O OUTRO" POSSUI UMA HISTÓRIA (4)

Os gritos universais "Por que eu?" ou "Por que nós?" refletem o anseio de encontrar razão e significado em eventos difíceis da vida. No entanto, fazer continuamente essas perguntas, em geral irrespondíveis, nos mantém emperrados. Junto a medos suprimidos, essas perguntas provocam ainda mais raiva contra toda e qualquer coisa e pessoa associada ao perpetrador.[63] Para restaurar a habilidade de pensar racionalmente, a pergunta precisa ser reformulada para "Por que eles? Por que eles fizeram isso, e por que fizeram isso conosco?".[64] Isso abre caminho para a busca das raízes do problema e para o reconhecimento de que o outro, o inimigo, também possui uma história.

Perguntas do tipo "Por que eles?" demandam mais do que respostas rápidas e simplificadas. O Padre Michael Lapsley – que perdeu ambas as mãos e ficou cego de um olho por causa de uma carta-bomba que lhe foi enviada na época em que cooperava com os esforços para terminar com o regime de *apartheid* na África do Sul – identifica três questões sobre as quais indivíduos e grupos devem refletir para pôr fim à violência e encontrar a cura:[65]

- O que me fizeram/nos fizeram?
- O que eu fiz/nós fizemos às outras pessoas?
- O que eu deixei/nós deixamos de fazer?

(Há algumas situações nas quais essas perguntas são inadequadas: por exemplo, nos casos de abuso sexual e físico de crianças ou genocídio. Contudo, adultos em sua jornada pela cura, para se recuperarem de abusos sofridos na infância, podem achar essas perguntas úteis para a reflexão sobre as escolhas que fazem **como adultos** em resposta ao abuso sofrido.)

Reflexões sérias acerca dessas perguntas requerem a disposição de desafiar nossas crenças elementares sobre quem somos. Isso demanda conhecimento da nossa própria história, assim como da história do outro – o inimigo. Talvez precisemos analisar décadas, até séculos, de história para entender os eventos presentes. Talvez jamais consigamos entendê-los plenamente.

A busca pelo entendimento das raízes do problema não significa conivência com o que aconteceu. Logo após o 11 de setembro, questões do tipo "Por que nós?" rapidamente se mesclaram com "Por que eles nos odeiam?". Eram gritos buscando respostas, e não uma concordância com o ataque.

Não é fácil nem confortável olhar para a história de quem nos machucou. O que geralmente vem à tona é o fato de que nosso inimigo agiu por raiva, medo e até por impotência diante da injustiça ou vitimização, às vezes cometidas por nós ou por nosso grupo. Isso, em medida alguma, os isenta da responsabilidade por crimes ou atrocidades. Eles são responsáveis pela forma como escolheram reagir a esses eventos históricos, da mesma maneira que somos responsáveis por nossas ações e reações quando nossa segurança é ameaçada ou quando somos atacados ou feridos. Porém, conhecer a história abre nossos olhos para o contexto presente e a complexidade da vida. Isso faz com que fiquemos atentos para o fato de que os rótulos de vítima e agressor dependem da parte da história que estudamos, e do lado pelo qual a analisamos. Isso nos proporciona a habilidade de reconhecer abertamente a hipocrisia e as transgressões coletivas do nosso povo.[66]

Marie compartilha sua história:

Eu disse a mim mesma: "Marie, você está muito zangada". Era uma raiva crua, visceral, física. Então percebi que esse

> é o mesmo nível de ira que levou aqueles caras a chocarem os aviões contra os prédios – impotentes, desesperados para promover mudança na realidade das coisas. Nossa! Eu soube então que tinha de me engajar nessa jornada pós 11 de setembro até o fim. Realmente precisava entender, o máximo que conseguisse, as engrenagens do que criou aquela situação, e o que doía tanto naquelas pessoas a ponto de ser essa a melhor forma que acharam para expressar suas necessidades. Ainda não cheguei ao fim.

A reflexão sobre as perguntas do Padre Lapsley abre um espaço dentro de nós, como indivíduos ou grupos, para vermos nossas próprias sombras, insuficiências e falhas. Isso nos coloca cara a cara diante dos nossos preconceitos e ideias tendenciosas. Isso dá início ao processo de reumanização do inimigo demonizado, e desconstrói narrativas simplistas, polarizadas, de bem vs. mal.

> "Os agressores de hoje são geralmente as vítimas de ontem."
> Olga Botcharova[67]

Esse processo pode levar meses e até anos. Mas, à medida em que aprendemos mais sobre o outro, a raiva e o ódio começam a ser substituídos por compreensão e, até mesmo, compaixão, um senso de afinidade e humildade.[68] Podemos nos perceber dispostos a assumir riscos com políticas e ações, algo que há muito pouco tempo seria inimaginável.

RECONEXÃO: RECONHECER A INTERDEPENDÊNCIA E ASSUMIR RISCOS (5-7)

Com a compreensão da história emerge a consciência da nossa interconectividade e interdependência como seres humanos e nações. Com essa consciência, vem uma abertura para arriscar um contato com o outro. Indivíduos, comunidades ou grupos precisam decidir sobre o nível de risco que estão dispostos a assumir. O compromisso de arriscar não pressupõe expor-se ao perigo ou submeter-se a uma situação abusiva. Quando antigos inimigos se encontram, fortes emoções podem ser deflagradas, provocando o retorno enérgico de velhas memórias e emoções.

Bessel van der Kolk, pesquisador de trauma, diz acreditar que, embora não existam estudos com grupos em conflito, práticas corporais como *qi gong* e ioga podem auxiliar as partes a se engajarem construtivamente.[69] Patricia Mathes Cane ensinou exercícios mente-corpo – massagem, *tai chi*, canto, acupuntura e outras práticas que levam a respostas de relaxamento – para aldeões, profissionais, presos políticos, profissionais da saúde e grupos em áreas de conflito em muitas partes do mundo.[70] Essas atividades acalmam o corpo e ajudam a função cerebral a permanecer integrada.

Como esse engajamento com o outro acontece de fato varia em cada situação. Quando o dano é pessoal, encontros entre ambas as partes podem ocorrer com ou sem a presença de um terceiro facilitador. Em algumas culturas, a interação acontece por intermediários ou por processos comunitários.

Em um nível social, a Comissão da Verdade e Reconciliação da África do Sul proveu uma maneira para as vítimas dizerem suas "verdades" e encontrarem respostas às suas questões em sessões públicas. Em alguns casos, as vítimas também tinham a possibilidade de escutar o testemunho dos ofensores. Embora o encontro direto entre as partes tenha sido proporcionado apenas em alguns casos, essas audiências com frequência atendiam a necessidades importantes e serviam para humanizar "o outro".

Cidadãos comuns podem, em situações de conflito, se encontrar com a outra parte de diversas formas. Alguns programas promovem encontros de jovens de ambos os lados de um conflito para trabalharem juntos em projetos. Um retiro nas montanhas da cidade de Caux, na Suíça, tem servido como local de encontros não oficiais entre adversários desde a Segunda Guerra. Uma turma de costureiras, composta por mulheres de lados opostos ao conflito, foi formada no Sudão. Numa escola do Brooklyn, em Nova York, uma professora e a sua turma iniciaram uma correspondência via e-mail com uma professora e seus alunos de uma escola em Fallujah, no Iraque, enquanto a cidade estava sendo bombardeada pelas forças armadas dos Estados Unidos em 2004.

Às vezes é impossível encontrar o ofensor. Após o 11 de setembro, os sequestradores dos aviões estavam mortos, e o encontro com outros membros da al-Qaeda não era uma opção viável. Então, inúmeras pessoas que haviam perdido familiares formaram um grupo chamado September 11 Families for Peaceful Tomorrows [Famílias do 11 de Setembro por Amanhãs Pacíficos][71]. Algumas viajaram ao Afeganistão e outras ao Iraque para compartilhar histórias e vivenciar o luto ao lado de civis que também haviam perdido entes queridos durante a guerra contra o terror. Essa organização segue como um grupo de *advocacy* promovendo políticas públicas baseadas na não violência, na compreensão e no engajamento em situações de conflito.

Quando o dano é causado por vizinhos, pode ser especialmente difícil ir além do nível superficial ou alcançar níveis aceitáveis de segurança e proteção. É um processo longo que depende do esforço de procurar saber a história do outro, obter ajuda de fora e compreender como memórias individuais e coletivas são formadas tanto por fatos como por percepções.[72]

O propósito de encontrar-se é o de trazer compreensão, e não o uso do sofrimento como uma arma contra a outra parte.[73]

> Os traumatizados dizem "nunca mais". E fazem o que for necessário para se manterem protegidos – a si e a seu grupo. Os *traumawise* [traumatizados que passaram pela experiência e ficaram mais sábios],[74] dizem "nunca mais – para mim, para nós ou para qualquer outra pessoa". E se esforçam para tornar o mundo um lugar mais seguro a todas as pessoas.

Conforme pudemos observar, quando escolhemos agir de novas maneiras, o cérebro literalmente forma novas conexões neurais. Encontros sadios contrariam a impotência e a paralisia de eventos traumatizantes. Eles contrariam a maneira habitual de reagir a estímulos de estresse que enfraquecem as sensações de controle e conexão.[75] As recompensas são palpáveis. Algo poderoso ocorre quando as pessoas se encontram frente a frente. "Ao nos encontrarmos, descobrimos que realmente somos parte da mesma família que, de alguma forma, se desfez", diz o Reverendo Kenneth Newell, da Irlanda do Norte.[76]

> Quando escolhemos agir de maneiras inovadoras, o cérebro forma novas conexões neurais.

Uma visão compartilhada de responsabilidade pode surgir a partir de tais encontros para reestruturar o futuro e restaurar a harmonia no âmbito pessoal, comunitário, emocional, social e espiritual. Com a ajuda da compaixão, ideias criativas começam a fluir. Sentimo-nos mais resilientes, e outras pessoas são atraídas ao processo. As emoções, que costumavam nos puxar para baixo, passam a nos elevar.[77]

Lam declara:

> Sim; ainda há rebeldes na floresta e a área continua insegura. Eles acabaram de pegar numa emboscada um de nossos padres e três pessoas morreram. Acabaram de cortar fora os dedos de uma mulher. Porém, alguns vieram da floresta [...] e estão sendo reintegrados à comunidade. Esses rebeldes – eles eram nossos antigos inimigos. Mas eu me encontro com seus líderes e os ajudo com projetos de geração de renda, gestão e contabilidade. Um dia, o comandante do grupo veio a mim e disse: "Ouvi falar que você faz workshops sobre paz para a comunidade. Você não acha que nós precisamos de um workshop sobre paz?". Então, eu farei um workshop para eles. Focaremos nos relacionamentos humanos. Isso ajudará no processo de reintegração deles.

RECONEXÃO: OPTAR PELO CAMINHO DO PERDÃO (8)

Para algumas pessoas, "perdão" é uma palavra obscena na esteira de profundas atrocidades humanas. De fato, se for definida como esquecimento, ou igualada com renúncia à busca por justiça, o esforço de perdoar pode fazer mais mal do que bem. Se o perdão for vivido como um dever moral ou religioso, ao invés de uma esperançosa possibilidade, ele pode se tornar mais um fardo do que uma dádiva.

Perdoar é especialmente difícil quando a violência está em andamento ou a sensação de mágoa ainda existe e não foi legitimada nem reconhecida. Porém, testemunhar ou experienciar a amargura que pode consumir indivíduos ou grupos como reféns de ciclos de vitimização e violência, torna evidente que os humanos precisam de um objetivo mais elevado além de punição ou vingança, mesmo diante de grande sofrimento.[78]

O perdão oferece uma liberação do fardo da amargura. Não significa abrir mão da busca por justiça, mas se desvencilhar dos ciclos de vingança e retribuição e permitir a busca de uma justiça que seja restaurativa, tanto a vítimas como a agressores, e que ofereça uma plataforma para a reconciliação.

> Perdão NÃO é esquecer ou abdicar de justiça.

Contudo, se passarmos pelo trabalho pesado de reumanização do outro e reconhecimento da sua história, o perdão adquire um novo significado e talvez não seja um simples processo de mão única. Como vimos até aqui, os rótulos de "vítima" e "agressor" geralmente se baseiam em um recorte particular da história que assistimos. Portanto, atos recíprocos de reconhecimento, remorso, arrependimento e perdão são apropriados em muitos casos. Por exemplo, líderes religiosos na Inglaterra e Irlanda expressaram remorso e pediram perdão à outra parte.[79]

Mesmo assim, optar pelo caminho do perdão pode ser difícil. Algumas coisas jamais poderão ser desfeitas ou restauradas. A habilidade para continuar o processo é uma dádiva divina. Como tal, contém elementos de graça e mistério e não é domínio exclusivo de determinada religião ou grupo.

Perdoar é um processo que se torna mais fácil se nossa mágoa for reconhecida pelos outros, especialmente pelo "inimigo". Entretanto, se condicionarmos nosso perdão às respostas de quem nos magoou, permaneceremos eternamente sob o seu poder. Independentemente das suas ações ou respostas, é nossa a escolha de seguir, ou não, o caminho do perdão.

> O verdadeiro perdão é alcançado em comunidade [...] É a história se trabalhando a partir de um estado de graça, e só pode ser alcançado pela verdade. Essa verdade, contudo, não é mero conhecimento. É fazer as pazes, e isso é um esforço.
>
> Hannah Arendt [80]

No perdão, o intrapessoal, o interpessoal e o comunitário estão interligados de formas complexas. O significado disso e como acontece, num nível coletivo ou social/nacional, é particularmente desafiador. Donald Shriver descreve o perdão em um contexto político como "um ato que reúne verdade moral, indulgência, empatia e comprometimento para reparar o relacionamento humano fraturado".[81]

O Woodstock Theological Center, da Universidade Georgetown, tem promovido uma série de encontros para analisar como o perdão é praticado em nível nacional. Os participantes concordam que uma cultura de perdão precisa ser construída por intermédio de ações no âmbito pessoal, cultural e político. Os líderes nacionais e da sociedade civil, em posições de autoridade simbólica, exercem um papel crucial no movimento da sociedade em direção ao perdão e na criação de uma abertura para uma posterior reconciliação criativa.[82] As comissões de verdade e conciliação, criadas em Serra Leoa, El Salvador, África do Sul e outros lugares, são importantes passos nessa direção.

Perdoar também envolve restituição. Ao nos tornarmos conscientes de como ofendemos outras pessoas, reconhecemos nossa necessidade de assumir a responsabilidade de reparar o quanto for possível. Dessa maneira, nos preparamos para viver em um futuro que será diferente do passado. Isso é tanto uma responsabilidade individual quanto coletiva.

RECONEXÃO: A BUSCA POR JUSTIÇA (9-10)

Em um mundo perfeito, a justiça começaria pelos ofensores – sejam indivíduos, grupos ou governos – admitindo a culpa, desculpando-se em público, oferecendo compensação e garantindo que os eventos danosos não se repetiriam.

Mas o mundo não é perfeito. Nem a justiça. Tampouco as expectativas de vítimas são sempre claras ou realistas. Frequentemente há uma pretensão velada de que a justiça restaurará um clima de normalidade e aliviará a dor. Às vezes, isso ocorre, mas, de modo geral, não. Às vezes, a justiça pode satisfazer uma ideia abstrata do que é certo, enquanto fracassa em tentar ajudar quem foi ofendido a se curar ou a romper os ciclos viciosos. Alguém já disse: "A luta por justiça pode tornar as pessoas desagradáveis. Isto é, sua motivação para lutar por justiça pode ser tão desagradável quanto a coisa contra a qual querem lutar".[83]

Isso não significa que indivíduos e grupos não deveriam buscar justiça. Ao contrário, é um reconhecimento de que as necessidades criadas pelo trauma e pela violência são complexas, e há limites à cura oferecida pelo sistema judicial. Idealmente ela serve ao bem comum e ajuda a criar ordem. Mas ela, por si só, não pode curar.

A abordagem usual à justiça, no mundo de hoje, é a abordagem legal do sistema de justiça criminal, consagrado em ordenamentos jurídicos nacionais e tribunais internacionais. Essa abordagem de justiça tende a se organizar em torno de três perguntas:

1. Que lei foi infringida?
2. Quem fez isso?
3. O que os infratores merecem?

Em geral, o merecimento é alguma forma de punição.

Essa abordagem de justiça criminal de maneira frequente contribui com uma importante função de identificar malfeitores e de denunciar transgressões. Na sua melhor forma, é estruturada para proteger os direitos humanos e prover um processo judicial organizado. Ela possui um importante papel, mas, infelizmente, com frequência, não consegue atender às necessidades das vítimas ou auxiliar na cura. Dedicada a fazer com que os infratores recebam o que merecem, geralmente não consegue encorajá-los a compreender o que fizeram ou a assumirem real responsabilidade por isso. E geralmente seu estilo adversarial exacerba conflitos e feridas sociais, mais do que as cura.

Para atender às necessidades que o sistema de justiça criminal não atende, tem se disseminado rapidamente pelo mundo um conceito e um movimento de **justiça restaurativa**. A justiça restaurativa foca nos danos e oferece uma visão baseada nas necessidades de todos os envolvidos. A justiça restaurativa se organiza em torno das seguintes perguntas norteadoras:[84]

- Quem foi prejudicado?
- Quais são as suas necessidades?
- De quem é a obrigação de atender essas necessidades?
- Quais são as causas?
- Quem tem interesse na situação?
- Que tipo de processo pode incluir todos os envolvidos para o atendimento das necessidades, das obrigações e da busca por solução?

A questão "Quem foi prejudicado?" reconhece que as pessoas vitimizadas devem ser o foco central, mas também que a ofensa vai além das vítimas diretas. A família, os amigos, a comunidade e a sociedade como um todo podem ter sido lesados. O ofensor também pode estar dentre aqueles que foram prejudicados, demonstrando novamente a complexidade dos rótulos "vítima" e "ofensor".

A justiça restaurativa também foca na responsabilidade, isto é, nas obrigações relacionadas com o dano e na importância de tentar corrigir, tanto quanto possível, o mal causado. Ela também busca envolver as pessoas impactadas pela infração na construção da solução do problema.[85] Em algumas circunstâncias, pode promover um encontro entre vítimas e ofensores.

> **Abordagens da justiça curativa**
> - Justiça restaurativa
> - Justiça transformativa
> - Justiça criativa

Quando o(s) ato(s) resulta(m) – ainda que em parte – de relacionamentos (ou de estruturas sociais ou políticas) insalubres, a busca por justiça nos pede um olhar sistêmico, por trás dos atos individuais. A **justiça transformativa** pergunta:
- Que circunstâncias ou estruturas permitiram ou encorajaram isso?
- Quais as similaridades estruturais entre estes e outros atos, ou incidentes, semelhantes?
- Que medidas podem ser tomadas para mudar essas estruturas ou circunstâncias com o intuito de reduzir futuras ocorrências?

A resolução, nesse caso, envolve esforços para mudar sistemas sociais e políticos mais amplos a fim de ajudar a prevenir recorrências do dano.[86]

Os conceitos de justiça restaurativa e justiça transformativa estão plasmados na escrita de Robert Joseph sobre justiça reconciliatória, que tem sido aplicada para atender e resolver apropriações de terra e outras injustiças contra povos indígenas. Joseph descreve a justiça reconciliatória como "um conceito, um ideal, um processo e uma estratégia de resolução de disputas para superar as políticas de negação e para resolver de modo apropriado alguns [...] desafios, questões e tensões pós-acordos".[87]

> Quando as tentativas de obter justiça decepcionam, alguns consideram a possibilidade de uma **justiça criativa**.

Justiça transicional é uma forma de assistir sociedades que passaram por regimes repressivos ou conflitos armados a encontrarem modos de responsabilizar os agentes de atrocidades em massa e de desrespeito a diretos humanos. A justiça transicional pode incluir respostas judiciais e não judiciais, tais como processar ofensores individuais, pagamento de reparação a vítimas de violência patrocinada pelo Estado, estabelecimento de iniciativas de busca por verdades sobre abusos do passado e reforma de instituições como polícia e sistema judicial. Por isso, ela pode ser tanto restaurativa quanto punitiva.

Independentemente da abordagem, os esforços sinceros por justiça podem ser insuficientes. Talvez os agressores jamais serão pegos ou nem sequer estejam mais disponíveis. Cortes, tribunais e comissões da verdade não satisfazem a todos. Se o dano foi causado pelo crime organizado, ou pelo governo, a impunidade pode prevalecer. Muitas vezes, as coisas não podem ser "retificadas".

Não há resposta fácil. De fato, talvez nem sequer haja respostas. Mas algumas pessoas seguiram a postura proativa de algo que Wilma Derksen chama de **justiça criativa**.[88] Isso pode ser abordado por intermédio de atos simbólicos, como o memorial criado pela comunidade de Wilma em memória da sua filha assassinada.

A energia da injustiça pode ser transformada em esforços para prevenir que tais ações danosas aconteçam de novo. Por exemplo, uma mulher cujo filho foi morto por um motorista embriagado criou o MADD – Mothers Against Drunk Driving [Mães contra dirigir bêbado]. As pessoas que fundaram o September 11 Families for Peaceful Tomorrows jamais usufruirão do que o sistema tradicional de justiça poderia oferecer, mas têm a satisfação de trabalhar em prol de um mundo no qual o ódio e a vingança não terão a palavra final. Sobreviventes de tortura formaram a TASSC – Torture Abolition and Survivors Support Coalition International [Coalizão Internacional de Abolicionistas da Tortura e Apoio a Sobreviventes] que tem dedicado seus esforços para pôr fim à tortura, por intermédio da educação, do lobby junto a governantes e da criação de grupos de apoio a sobreviventes.

> Idealmente, a justiça lida com o passado para que possamos avançar para o futuro.

O esforço na busca de soluções dentro dos sistemas tradicionais de justiça pode continuar. Contudo, por intermédio da justiça criativa, nossa energia, nosso futuro e nossos dons não ficam à mercê do trauma da injustiça nem do desfecho de uma decisão judicial.

Idealmente, portanto, a justiça lida com o passado, retificando as coisas o máximo possível para que possamos seguir adiante. Ela pode abrir caminho para planejamentos conjuntos com antigos adversários. Pode iniciar projetos, como a escrita conjunta de uma história comum. Um dos objetivos principais é garantir segurança humana e dignidade para todos. Isso é possível se ambos os lados conseguirem responder à seguinte pergunta: "Como seriam uma cultura e um sistema político que atendessem às necessidades de seus (ex-)oponentes?".[89]

RECONEXÃO: POSSIBILIDADE DE RECONCILIAÇÃO (10-11)

Reconciliação não é um evento, algo que ocorre em um momento preciso. Ao contrário, trata-se do resultado do esforço e da graça da jornada de cura que acabei de descrever. Alcançar "o máximo de justiça possível"[90] e o perdão é um aspecto essencial, mas não garante a reconciliação. Quando a reconciliação acontece, contudo, ela se evidencia na transformação de atitudes, crenças e comportamentos diante de antigos inimigos e ofensores. O trauma e o sofrimento não são esquecidos nem desculpados, porém são mais bem entendidos e integrados a uma nova identidade individual ou grupal. Uma sensação de segurança e bem-estar substitui o medo.

Marie diz:

> *Isso não vai embora; não acabou. De certa forma, este é só um começo. Honestamente quase consigo dizer a palavra "dom". É um chamado intenso e existencial, das mais recônditas profundezas do que chamamos Deus, para realmente nos ligarmos ao que é importante, ao que é verdade, ao que*

é a vida, não apenas num sentido de compreensão, mas num sentido que altera o modo como vivo e que exige uma impecabilidade que não posso mais negar.

A transformação do trauma em esperança de futuro pelo rompimento dos ciclos de vitimização e violência é uma longa jornada. Envolve múltiplas dimensões: espiritual, emocional, intelectual e física, tanto no nível comunitário quanto no pessoal.

Nos capítulos anteriores vimos algumas das causas e manifestações dos traumas e sugerimos algumas formas, experimentadas por nós, de nos livrar deles. No próximo capítulo, veremos como lidar de variados modos com os eventos traumáticos do passado. Assim, exploraremos algumas maneiras de nos preparar para eventos traumáticos que possam estar à frente.

6

E SE...?
O 11 DE SETEMBRO E O ROMPIMENTO DOS CICLOS

Quando eu e minhas irmãs éramos meninas, brincávamos de casinha com as bonecas que eram nossos filhos, nossos maridos imaginários e com uma narrativa verbal contínua. O enredo fluía com uma de nós dando sequência a partir do ponto em que a outra parava, conforme nós e as bonecas representávamos os eventos imaginados. Ocasionalmente a história seguia uma direção que não nos agradava. Então, uma de nós simplesmente dizia: "Vamos apagar isso". Às vezes, a gente dava um tempo para certa negociação. Mas, geralmente, sem deixar a peteca cair, a narrativa retornava a um ponto anterior da história e a gente seguia para um desfecho diferente.

Se ao menos a vida real fosse tão simples assim! Infelizmente a mágica do "vamos apagar isso" pertence à infância. Desejos hipotéticos e perguntas no estilo "e se...?" nos mantêm empacados se forem usados para criticar, reclamar ou permanecer no passado. Contudo, "e se...?" também pode nos ajudar a imaginar um futuro diferente – e até mesmo o presente. Assim, voltemos a 11 de setembro de 2001 e imaginemos – e se...?[91]

E se nos terríveis dias após o 11 de setembro, os líderes dos Estados Unidos – presidente, governadores, prefeitos, clérigos, profissionais da saúde – tivessem lidado com os sentimentos de raiva, perplexidade, humilhação, horror e desejo de justiça e vindicação como reações comuns ao trauma? **E se** eles declarassem abertamente que, apesar de essas reações da função inferior serem normais, elas não deveriam determinar a nossa resposta?

E se tais atos abomináveis fossem rotulados como crime, em vez de ato de guerra? **E se** naquela ocasião tivéssemos solicitado a cooperação de uma comunidade internacional amiga para desmantelar as redes terroristas, processá-las e interromper os sistemas de suporte financeiro que as alimentava?[92]

E se os líderes políticos soubessem que suas próprias reações ao trauma de um ataque ocorrido na sua gestão afetariam suas decisões? **E se** eles tivessem demonstrado uma grandiosidade nascida da humildade, ao solicitar ajuda a aliados para a formulação de respostas?

E se fôssemos encorajados a estender a mão aos vizinhos muçulmanos, ou imigrantes, com atos aleatórios de gentileza? **E se** cidades e vilarejos incentivassem seus habitantes a canalizar a energia do trauma a atividades organizadas, caminhadas, bailes, partidas de futebol, golfe, tênis, trilhas, corridas e lavagem de carros para levantar dinheiro para as vítimas e sobreviventes de violência no mundo inteiro?

E se datas nacionais de luto fossem criadas com o propósito de vivenciar silêncio conjunto, em oração ou meditação, para que pudéssemos escutar a orientação e a sabedoria capaz de conceber respostas não convencionais ao ato não convencional de jogar aviões comerciais contra prédios?[93] **E se** o resto do mundo tivesse sido convidado a juntar-se a nós nesse esforço criativo?

E se, em resposta à pergunta "por que eles nos odeiam?", o governo dos Estados Unidos tivesse convidado universidades, jornalistas, redes de televisão, cineastas e artistas para produzir programas que nos ajudassem a compreender a história relevante? **E se** eles tivessem entrevistado pessoas comuns e líderes do Oriente Médio, e de outros lugares, sobre como é sua rotina de vida; como eles foram impactados, positiva e negativamente, pelos Estados Unidos e, na opinião deles, o que levou ao 11 de setembro?

E se, no estudo e exploração das raízes do problema, tivéssemos descoberto que, por um longo período de tempo, pessoas de carne e osso, em todo o planeta, foram não apenas beneficiadas pela generosidade dos Estados Unidos, mas também prejudicadas, e até mortas, por causa das políticas externas dos Estados Unidos? Será que tais descobertas teriam nos levado a rejeitar as narrativas bem *vs.* mal e as soluções de violência redentora por serem simplórias e perigosas?

E se, com o estímulo e apoio dos seus líderes, cidadãos comuns – incluindo os 82% de cidadãos estadunidenses que jamais viajaram para o exterior – participassem de intercâmbios culturais, atividades em grupo e seminários com o propósito de aprender como a vida dos cidadãos estadunidenses está interconectada com a vida dos cidadãos do resto do mundo?

E se disséssemos uns aos outros: "Lamentamos. Nunca mais atos ou políticas terroristas deveriam acontecer – contra vocês, contra nós, contra qualquer outra pessoa". **E se**, das raízes da sociedade civil aos mais altos níveis do governo, começássemos a atender às necessidades e tratar das injustiças políticas e econômicas do mundo?

E se uma pequena parte do dinheiro gasto com guerras e terrorismo fosse usado para equipar clínicas médicas, escolas e cursos de treinamento profissional no nosso país e em todo o mundo?

E **se** a guerra não impedir o terrorismo?

E **se** não for tarde demais para dar passos em outra direção?

7

COMO, ENTÃO, DEVEMOS VIVER?

A Terra é um planeta muito pequeno, e somos visitantes por muito pouco tempo para que qualquer outra coisa valha mais a pena do que o esforço pela paz.
Colman McCarthy[94]

Se quisermos deixar um mundo melhor para os nossos filhos, a pergunta que enfrentamos é: "Como, então, devemos viver?" A seguir, seis sugestões:

1. RECONHECER-SE COMO LÍDER

Cada um de nós possui uma esfera de influência, seja tão pequena quanto a unidade familiar ou tão grande como uma nação. Podemos dar início a conversas com outras pessoas sobre trauma e ensinar a todos a respeito dos ciclos toma lá dá cá de vitimização e violência que produzem trauma e enfraquecem a segurança. Podemos nos colocar contra políticas públicas que estimulam tais ciclos nas nossas comunidades e nações.

A figura a seguir foi concebida em seminários do programa STAR. Ela identifica os pontos de partida para o início de discussões, dependendo do foco ou da receptividade da comunidade ou grupo no qual trabalhamos. Podemos começar trabalhando com trauma, construção de paz, justiça, segurança humana ou espiritualidade. Não importa o ponto de partida; se o objetivo for a construção de sociedades saudáveis e seguras, no fim a discussão terá abrangido todas as pontas da estrela.

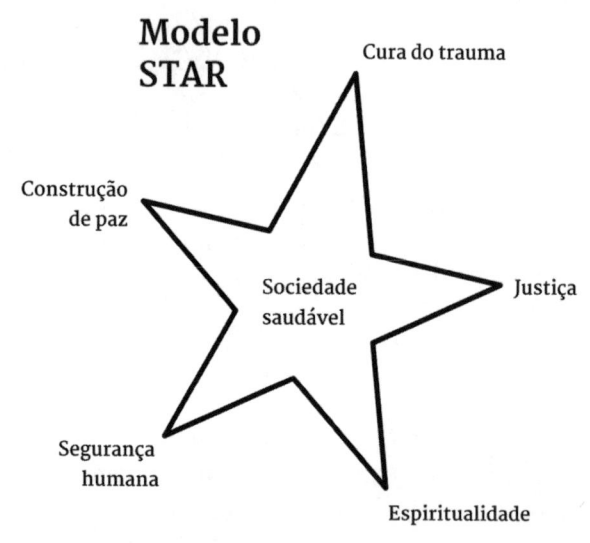

Modelo STAR

- Cura do trauma
- Construção de paz
- Sociedade saudável
- Justiça
- Segurança humana
- Espiritualidade

2. QUESTIONAR A NOSSA PRÓPRIA COMUNIDADE RELIGIOSA PARA QUE ENCARNE OS MAIS ALTOS IDEAIS

Em um mundo onde as cosmovisões e os valores se chocam, os líderes religiosos e as pessoas de fé têm um papel-chave a desempenhar. Elas podem se conhecer, criando pontes entre as diversas religiões para monitorar e se opor a rumores étnicos e religiosos e evitar agressões. Além disso, as pessoas de fé têm a responsabilidade de desafiar e enfrentar aqueles que, dentro da própria tradição religiosa, pregam o ódio e usam as escrituras para justificar atrocidades, intolerância e agressão.[95]

O diagrama acima é propriedade intelectual do Center for Justice and Peacebuilding, da Eastern Mennonite University.

3. PREVENÇÃO DO TRAUMA PELO APRENDIZADO DE FAZER A PAZ

Trabalhar pela paz é prevenção de trauma. Contudo, não é suficiente dizer que somos contra a violência, ou a guerra, e assumirmos uma postura passiva. Precisamos aprender a articular opções viáveis no debate público para promover, em longo prazo, respostas não violentas a conflitos e, no curto prazo, respostas a crises imediatas. Isso significa estudar como fazer a paz com a mesma intensidade com a qual atualmente se estuda como fazer a guerra.[96]

Respostas não violentas ao conflito e às ameaças exigem treinamento, assim como antevisão e preparação para as variadas situações possíveis. Por exemplo:

- Quando ativistas da Ucrânia suspeitaram que os resultados das eleições de 2004 pudessem ter sido fraudados, eles desenvolveram uma estratégia não violenta para questionar os resultados. Com antecedência, eles montaram acampamento, coletaram água, cobertores e outros itens de primeira necessidade para permitir a sustentabilidade de protestos em massa.
- Antes da invasão ao Iraque em 2003, liderada pelos Estados Unidos, a comunidade Sojourners, em Washington D.C., fez circular um plano de 10 pontos sobre como derrotar Saddam Hussein sem violência. Ela estimulou as igrejas a incluir o plano nos seus comunicados, a postá-lo em seus sites e a divulgá-lo em eventos públicos. Claro que isso não impediu a guerra; mas chamou a atenção de cidadãos comuns sobre as alternativas viáveis ao raciocínio do tipo tudo ou nada em torno de situações dificultosas.

Cada vez mais testemunhamos grupos que poderiam ter optado pelo caminho da violência, mas que, ao invés disso, fizeram uso da "força mais poderosa",[97] isto é, da ação não violenta dedicada à mudança social, defesa social ou intervenção de terceiros.[98] Exemplos: os milhares de sérvios cujo esforço não violento em 2000 depôs o ditador Milosevic; as comunidades que defendem suas ruas contra o tráfico de drogas ocupando os pontos favoritos dos traficantes no bairro; ou as multidões de pessoas comuns que se colocaram entre duas forças em movimento para o confronto nas Filipinas, durante os últimos dias do ditador Marcos.[99]

4. TRABALHO NOS ÂMBITOS PESSOAL E COMUNITÁRIO/ESTRUTURAL

Cura e paz devem ocorrer tanto no nível pessoal quanto comunitário. No nível pessoal, ao renegociar os traumas da nossa própria vida e vivenciar a cura, podemos nos colocar no mundo como curadores, conscientes de nossos pontos fortes e das nossas vulnerabilidades.

Entretanto, se continuarmos achando que o único esforço no mundo que merece empenho é a mudança de corações e mentes individuais, corremos o risco de ignorar milhões que estão sofrendo coletivamente. Imagine que você está num campo de refugiados e que é um pai ou uma mãe que embala um filho faminto, e alguém chega e lhe diz que a mudança ocorrerá só depois de aqueles responsáveis pelo seu sofrimento estarem abrandados, convencidos ou convertidos de coração.

Martin Luther King Jr. disse que a lei não pode obrigar um homem a amá-lo, mas pode impedir essa pessoa "de me linchar". O pessoal e o social/estrutural estão conectados. Trabalhar apenas com uma dessas dimensões não é o suficiente. Ambos são esforços práticos e espirituais, e ambos devem ser respeitados e trabalhados simultaneamente.

5. ESTAR BEM INFORMADO

Ainda que seja importante estar bem informado em qualquer lugar do mundo, esta parte do livro destina-se a cidadãos estadunidenses em particular.

O apresentador de um noticiário da BBC (British Broadcasting Company), em Londres, certa feita perguntou ao seu correspondente em Washington D.C. por que tantas pessoas nos Estados Unidos apoiavam políticas que a maioria do resto do mundo achava incômoda ou equivocada. O repórter respondeu: "Porque os Estados Unidos estão perigosamente isolados".[100]

Isolados? Em uma era de livre acesso a notícias e informações de todo lugar do mundo como nunca se viu antes? A realidade é que muitas fontes de notícias convencionais dos Estados Unidos são mais entretenimento e opinião do que substância. Notícias internacionais são cobertas de maneira esparsa, em comparação com outras democracias ocidentais. Compare, por exemplo, as notícias na CNN Internacional com as da CNN dos Estados Unidos. As reportagens e os pontos de vista internacionais que não se adequam à imagem popularmente sustentada dos Estados Unidos como um país bom e benevolente são rotulados como "de esquerda" e "liberais" ou não são veiculados. As críticas contra os Estados Unidos provenientes do exterior são consideradas fruto de "inveja". Não é à toa que, por ocasião do 11 de setembro, a pergunta predominante e genuína era: "Por que eles nos odeiam?".

Frequentemente os participantes estrangeiros do programa STAR expressam o sentimento de que deveriam ter o direito de votar em eleições nos Estados Unidos. Por quê? Porque as políticas de seus países, seus traumas e seu futuro estão muito inter-relacionados com a política externa dos Estados Unidos e são impactados por ela. Mas muitos cidadãos estadunidenses ficariam horrorizados ao conhecer as políticas praticadas em nome dos Estados Unidos por todo o mundo, independentemente do partido no poder na Casa Branca.

Informação é poder. Uma democracia bem-sucedida depende de uma população bem informada. O repórter da BBC estava certo. Por mais difícil que seja aceitar isso, muitas das pessoas nos Estados Unidos estão isoladas – por livre e espontânea vontade.

6. LEMBRE-SE DE QUE NÃO ESTAMOS SOZINHOS

O rompimento de ciclos destrutivos por meio de boas ações, a despeito das ameaças vigentes, é esforço espiritual dos mais profundos. Esta não é uma jornada solitária; precisamos estar conectados com comunidades onde haja pessoas com a mesma mentalidade para podermos agir, escutar e aprender novas maneiras de seguir em frente. Juntos encontramos sustentação para a longa jornada a partir da Fonte da Vida, que nos prometeu que a luz triunfará sobre as trevas, que não caminhamos sozinhos e que uma paz para além dos nossos medos nos sustêm, na medida em que nos comprometemos a viver de maneira curativa e respeitosa à vida.

Como então viveremos nossa vida a partir de hoje?

APÊNDICE: ELEMENTOS-CHAVE PARA QUEBRAR O CICLO

1. Uma sensação de **segurança** é importante. Quando a segurança física é impossível, outros fatores podem ocupar o seu lugar, incluindo:
   - A decisão de agir bem a despeito das ameaças vigentes;
   - Apoio espiritual e psicológico;
   - O apoio de outras pessoas;
   - Líderes reflexivos.

2. **Reconhecimento** pode servir como base para o crescimento pós-traumático.
   *O reconhecimento dirigido para **nós mesmos** inclui*:
   - Vivência do luto e do pesar;
   - Contar a história;
   - Exercícios para "renegociar" a energia do trauma;
   - Nomeação dos medos;
   - Expressar vergonha e honra, bem como falhas e pontos fortes.

   *O reconhecimento dirigido para **outras pessoas** inclui*:
   - Busca por compreensão das causas (respondendo à pergunta "por que eles?");

- Tentativa de enxergar a nós mesmos como os outros nos enxergam;
- Resistir ao impulso de desumanizar e demonizar o outro.

3. Os esforços de **reconexão** com nós mesmos e com outras pessoas são os próximos passos. Eles incluem:
- Um senso de interconectividade e de inter-relação entre todas as pessoas;
- Uma disposição de arriscar o contato com o "outro";
- A possibilidade de perdão;
- A busca por uma justiça que restaura e cura;
- Abertura para uma eventual reconciliação.

NOTAS

1. *Why Marriages Succeed or Fail*. New York: Simon & Schuster, 1994, p. 176-177.

2. O modelo original é encontrado em Olga Botcharova, "Implementation of Track Two Diplomacy: Developing a Model of Forgiveness", em *Forgiveness and Reconciliation: Religion, Public Policy and Conflict Transformation*, eds. Raymond G. Helmick e Rodney L. Petersen. Radnor, PA: Templeton Foundation Press, 2001.

3. William G. Cunningham, "Terrorism Definitions and Typologies", em *Terrorism: Concepts, Causes, and Conflict Resolution,* p. 9. George Mason University. Em http://www.au.af.mil/au/awc/awcgate/dtra/terrorism_concepts.pdf

4. John Lancaster, "In Sri Lanka, a Frustrating Limbo: Rules Leave Tsunami Survivors Unable to Rebuild Lives", *The Washington Post*, March 8. 2005, p. 1.

5. As pessoas e as histórias citadas ao longo do livro são reais, com exceção do relato de Jinnah e, mais adiante, de Kadzu, que são nomes que inventei para pessoas que conheci em Bangladesh e no Quênia.

6. Derek Summerfield, "Addressing Human Response to War and Atrocity", em *Beyond Trauma: Cultural and Societal Dynamics*, eds. Rolf J. Kebler, Charles R. Figley, Berthold P. R. Gersons. New York: Plenum Press, 1995, p. 19-20.

7. "Living and Surviving in a Multiply Wounded Country". Em http://wwwu.aau.at/~hstockha/neu/html/cabreracruz.htm

8. Derek Summerfield, "Addressing Human Response to War and Atrocity", *op. cit.,* p. 12.

9. Citação de Maria Yellow Horse Brave Heart, em Edna Steinman, "Native Americans Suffer from 'Historical Trauma', Researcher Says", em United Methodist News Service, July 27, 2005. http://umns.umc.org.

10. Em *Perpetration-Induced Traumatic Stress: The Psychological Consequences of Killing.* Westport, CT: Praeger Publisher, 2002. MacNair usa o termo "estresse traumático induzido pela perpetração". Eu prefiro chamá-lo de "estresse traumático induzido pela participação", especialmente para danos causados no exercício de um cargo ou função.

11. Um estudo na Universidade da Califórnia, em Los Angeles, sugere que as mulheres produzem o hormônio ocitocina em resposta ao estresse. Isso cria uma resposta de "cuidar e fazer amizade" que vai contra a reação de lutar ou fugir, na medida em que elas se dedicam ao cuidado das suas crianças e procuram outras mulheres. Em S. E. Taylor *et al.,* "Female Responses to Stress: Tend and Befriend, not Fight or Flight", em *Psychological Review* 107, n. 3 (2000): 411-29.

12. Em Peter A. Levine com Ann Frederick. *Waking the Tiger – Healing Trauma: The Innate Capacity to Transform Overwhelming Experiences.* Berkeley: North Atlantic Books, 1997, p. 19-39.

13. *Ibid.*

14. Daniel J. Siegel, "The Brain in the Palm of Your Hand", em *Psychotherapy Networker* 26, September/October 2002: 33.

15. Siegel descreve isso em "An Interpersonal Neurobiology of Psychotherapy", em *Healing Trauma: Attachment, Mind, Body, and Brain,* eds. Marion F. Solomon and Daniel J. Siegel. New York: W. W. Nortonand Co., 2003, p. 22. Veja também Siegel e Mary Hartzell, *Parenting from the Inside Out: How a Deeper Self-Understanding Can Help You Raise Children Who Thrive.* New York: Penguin, 2003, p. 174.

16. *Ibid.*

17. Howard Zehr, *Transcending: Reflections of Crime Victims.* Intercourse, PA: Good Books, 2001, p. 186-197.

18. Veja Kebler, Figley e Gersons no Epílogo de *Beyond Trauma*, p. 302.

19. *Trauma and recovery: The Aftermath of Violence – From Domestic Abuse to Political Terror.* New York: Basic Books, 1992, p. 158.

20. Cabrera em: http://wwwu.aau.at/~hstockha/neu/html/cabreracruz.htm.

21. "Training to Help Traumatized Populations", United States Institute of Peace, *Special Report* 79. Em: www.usip.org/publications/2001/12/training-help-traumatized-populations

22. *Ibid.*

23. *Ibid.*

24. *Ibid.* Também, Vamik Volkan, *Blind Trust: Large Groups and Their Leaders in Times of Crisis and Terror.* Charlottesville, VA: Pitchstone Publishing, 2004.

25. *Forgive for Good.* San Francisco: HarperCollins, 2002.

26. *Diagnostic and Statistical Manual of Mental Disorders*, 4ª ed. Washington DC: American Psychiatric Association, 1994.

27. Em Peter A. Levine, *op.cit.* , p. 176.

28. Cabrera em: http://wwwuaau.at/~hstockha/neu/html/cabreracruz.htm.

29. Vamik Volkan no prefácio de *Cyprus – War and Adaptation: A Psychoanalytic History of Two Ethnic Groups in Conflict.* Charlottesville, VA: University of Virginia Press, 1979, pp ix-xxi.

30. *Ibid.*

31. Em Clea Koff, *The Bone Woman: A Forensic Anthropologist's Search for Truth in the Mass Graves of Rwanda, Bosnia, Croatia, and Kosovo.* New York: Random, 2004. Koff descreve um movimento criado por famílias de pessoas desaparecidas na Croácia que se mobilizaram contra os planos de escavação e exumação de covas coletivas em determinada área. Essas pessoas temiam que os corpos dos seus entes

queridos fossem achados, pois queriam manter viva a esperança de encontrá-los vivos.

32. Em *Ambiguous Loss: Learning to Live with Unresolved Grief.* Cambridge, MA: Harvard University Press, 1999.

33. O diagrama e a discussão do ciclo do inimigo/agressor são baseados na Teoria Sistêmica do Inimigo, na Teoria das Necessidades Humanas e nos escritos de Vamik Volkan, Joseph Montville, Walter Wink, John E. Mack, Olga Botcharova, dentre outros.

34. "Post Traumatic States: Beyond Individual PTSD in Societies Ravaged by Ethnic Conflict", em *Psychosocial Healing: A Guide for Practitioners,* eds. Paula Gutlove e Gordon Thompson. Cambridge, MA: Institute for Resource and Security Studies, 2003, p. 81.

35. "Forgiveness in Conflict Resolution: Reality and Utility, The Northern Ireland Experience" – trabalho apresentado no Colóquio do Woodstock Theological Center da Georgetown University, June 18, 1997, p. 54

36. Em Olga Botcharova, "Implementation of Track Two Diplomacy: Developing a Model of Forgiveness", em *Forgiveness and Reconciliation: Religion, Public Policy and Conflict Transformation,* eds. Raymond G. Helmick e Rodney L. Petersen. Radnor, PA: Templeton Foundation Press, 2001, p. 293.

37. Em Walter Wink, *The Powers that Be: Theology for a New Millennium.* New York: Galilee, 1998, p. 91.

38. Em Lam Oryen Cosmas, "Breaking the Cycle of Violence", em Mennonite Central Committee *Peace Office Newsletter* 34 (April-June 2004).

39. *Violence Unveiled: Humanity at the Crossroads.* New York: Crossroad, 1995.

40. Volkan, citado em "Blind Trust-Author: Leaders' Actions in Crisis Impel Conflict, Peace", de Betty Booker, *Richmond Dispatch,* October 4, 2004, p. E. Veja também Vamik Volkan, *Blind Trust: Large Groups and their Leaders in Times of Crisis and Terror.* Charlottesville, VA: Pitchstone Publishing, 2004.

41. *Ibid.*

42. http://www.imtd.org.

43. Em Volkan, "Post Traumatic States: Beyond Individual PTSD in Societies Ravaged by Ethnic Conflict", *op. cit.*

44. De um sermão realizado na Cathedral of St. John the Divine, Nova York, 5 de maio de 2002. Em: http://www.healing-memories.org.

45. Em Gutlove e Thompson, *Psychosocial Healing: A Guide for Practitioners*. Cambridge, MA: Institute for Resource and Security Studies, 2003.

46. Judith Lewis Herman, em *Trauma and Recovery: The Aftermath of Violence – From Domestic Abuse to Political Terror*, New York: Basic Books, 1992, usa as categorias da proteção, da recordação e luto e da reconexão. Gutlove e Thompson, em *Psychosocial Healing*, usam as categorias da proteção, reconhecimento e reconexão.

47. Veja Howard Zehr. *Justiça Restaurativa*. São Paulo: Palas Athena, 2012; 2017 (ed. ampliada e atualizada) e Lisa Schirch. *The Little Book of Strategic Peacebuilding: A Vision and Framework for Peace and Justice*. Intercourse, PA: Good Books, 2004.

48. Um estudo na antiga Iugoslávia demonstrou que a provisão de um espaço física e psicologicamente seguro para a reconstrução de antigos laços sociais e para o encontro de novas pessoas ajudou mais do que qualquer outro tipo de terapia ou intervenção psicológica. Em Gutlove e Thompson, *op. cit.*, p. 14.

49. Em *Man's Search for Meaning*. New York: Pocket Books, 1997. [*Em busca de sentido*. São Paulo: Vozes, 1991.]

50. Em Olga Botcharova, "Implementation of Track Two Diplomacy: Developing a Model of Forgiveness", *op. cit.*, p. 295-296.

51. Geralmente as razões pelas quais estaríamos dispostos a morrer são também as mesmas pelas quais estamos dispostos a matar. Aqui falamos em estar disposto a morrer, **mas não a matar** por determinada causa.

52. Mary Anderson e colegas na Collaborative Development Associates (www.cdacollaborative.org) examinam estudos de caso de comunidades que evitam a violência em condições que, geralmente, se cria violência. Marshall Wallace escreve sobre isso em *Global Future*, First Quarter, 2005, acessível em: www.cdacollaborative.org/publication/learning-from-communities-that-prevent-conflict/

53. Em Herbert Benson e Miriam Klipper, *The Relaxation Response*. New York: Harper Torch, 1976.

54. Em "Night Commuters and Soccer in Soroti", Mennonite Central Committee, *Peace Office Newsletter* 34 (April-June 2004).

55. Volkan, citado em "Blind Trust-Author: Leader's Actions in Crisis Impel Conflict, Peace", *op. cit.*, p. E. Também Volkan, *Blind Trust: Large Groups and Their Leaders in Times of Crisis and Terror, op. cit.*

56. Em *Trauma and Recovery: The Aftermath of Violence – From Domestic Abuse to Political Terror, op. cit*, p. 176.

57. Em Peter A. Levine, *op. cit.*, p. 188.

58. Veja "Emotional First Aid", em www.traumahealing.org.

59. Em: www.emdr.com.

60. Em: tfttapping.com

61. Em: www.traumahealing.org

62. Em: http://wwwu.aau.at/~hstockha/neu/html/cabreracruz.htm

63. Em "Forgiveness in Conflict Resolution: Reality and Utility, the Bosnian Experience". Trabalho apresentado no Woodstock Theological Center Colloquium da Georgetown University, October 24, 1997, p. 90.

64. Em Olga Botcharova, "Implementation of Track Two Diplomacy: Developing a Model of Forgiveness", *op. cit.*, p. 299.

65. Veja o sermão de Michael Lapsley em: http://www.healing-memories.org

66. Veja "Forgiveness in Conflict Resolution: Reality and Utility, the Bosnian Experience", *op. cit.*, p. 82.

67. *Ibid.*

68. Veja Olga Botcharova, "Implementation of Track Two Diplomacy: Developing a Model of Forgiveness", *op. cit.*, p. 300.

69. Conversa ao telefone com Bessel A. van der Kolk em 23 de fevereiro de 2005.

70. Em Patricia Mathes Cane, *Trauma Healing and Transformation: Awakening a New Heart with Body, Mind, Spirit Practices*. Watsonville, CA: Capacitar Inc., 2000.

71. Veja www.peacefultomorrows.org.

72. Em "Forgiveness in Conflict Resolution: Reality and Utility, The Northern Ireland Experience", *op. cit.*, p. 54.

73. Veja Gutlove e Thompson, *Psychosocial Healing: A Guide for Practitioners*, sobre como estruturar tais encontros.

74. *Traumawise* é um termo cunhado por Barry Hart, do Center for Justice and Peacebuilding, da Eastern Mennonite University, para destacar a sabedoria que pode emergir a partir da cura do trauma e da transformação.

75. Bessel A. van der Kolk. "Traumatic stress disorder and the nature of trauma", *Healing Trauma: Attachment, Mind, Body, and Brain*, *op. cit.*, p. 188.

76. "Forgiveness in Conflict Resolution: Reality and Utility, The Northern Ireland experience", *op. cit.*, p. 69.

77. Em Peter A. Levine, *op. cit.*, p. 194.

78. Veja Olga Botcharova, "Implementation of Track Two Diplomacy: Developing a Model of Forgiveness", *op. cit.*, p. 90-92.

79. Veja "Forgiveness in conflict Resolution: Reality and Utility, The Northern Ireland Experience", *op. cit.*, p. 5-6.

80. *Ibid.*, p. 28.

81. *Ibid.*, p. 2.

82. *Ibid.*, p. 83.

83. Atribuído a Berthold Brecht e citado por Anthony Cary em "Forgiveness in Conflict Resolution: Reality and Utility, The Northern Ireland Experience", *op. cit.*, p. 28.

84. Para mais informações, veja Zehr, *Justiça Restaurativa, op. cit.*
85. *Ibid.*
86. Adaptado de Zehr, *Justiça Restaurativa, op. cit.,* e de um exercício desenhado por David Dyck, que, por sua vez, se inspirou em Chris Freeman.
87. "Denial, acknowledgment, and peacebuilding through reconciliatory justice", Te Matahauariki Research Institute, em: http://lianz.waikato.ac.nz/publications-working.htm.
88. Depois do assassinato da sua filha, Wilma passou a trabalhar como representante de vítimas. Veja Zehr, *Transcending: Reflections of Crime Victims, op. cit.*
89. Veja "Forgiveness in Conflict Resolution: Reality and Utility, The Northern Ireland Experience", *op. cit.*, p. 82.
90. Veja Miroslov Volf, "Forgiveness, Reconciliation, and Justice", em *Forgiveness and Reconciliation: Religion, Public Policy and Conflict Transformation, op. cit.,* p. 39.
91. Agradecimento a Walter Wink, que coloca uma série de perguntas "E se...?" relacionadas a eventos da vida dificultosos e ao uso da não violência. Veja capítulo "But What if?" em *The Powers that Be: Theology for a New Millennium, op. cit..*
92. Veja Jayne Seminare Docherty e Lisa Schirch, do Conflict Transformation Center da Eastern Mennonite University, "A Long-Term Strategy for American Security", disponível em: www.emu.edu/cjp. Este ensaio foi escrito no outono de 2001 em resposta ao artigo "So what would peacebuilders do about 9/11?". Contém estratégias de curto, médio (10 anos) e longo prazo (50 anos).
93. Por nove meses, Mohandas Gandhi se entregou a "meditações coordenadas" para conceber os próximos passos no movimento de independência da Índia em 1930. A visão da Marcha do Sal emergiu durante esse período de oração e meditação. Veja Ken Butigan, "Spiritual Practice in the Time of War", in *The Wolf, the newsletter of Pace e Bene,* Fall 2004. Em: www.paceebene.org.

94. Em *I'd Rather Teach Peace*. Maryknoll, NY: Orbis Books, 2002.

95. Veja Joseph G. Bock, *Sharpening Conflict Management: Religious Leadership and the Double-Edged Sword*. Westport, CN: Praeger Press, 2001, p. 97.

96. Para treinamentos e recursos adicionais, veja a obra de Lisa Schirch, *The Little Book of Strategic Peacebuilding: A Vision and Framework for Peace and Justice,* citada em Leituras sugeridas.

97. Veja Peter Ackerman e Jack Duvall, *A Force More Powerful: A Century of Nonviolent Conflict*. New York: St. Martin's Press, 2000, ou os vídeos com o mesmo título escritos e produzidos por Steve York, produção de York Zimmerman Inc. e WETA Washington, D.C.

98. Veja "Pushing our Thinking about People Power: How the Differences among Applications of Nonviolent Action Make Better Strategies Possible", por George Lakey em *ZNet*, abril e maio de 2002. Em: www.zmag.org.

99. Colman McCarthy organizou e lecionou, por mais de 20 anos em escolas secundárias e universidades, um curso instigante sobre não violência, pacifismo e gestão de conflito. Veja *I'd Rather Teach Peace*. Maryknoll, NY: Orbis Books, 2002; e *All One Peace: Essays on Nonviolence*. New Jersey: Rutgers University Press, 1994.

100. Em *Newshour*, British Broadcasting Company, Nov. 3, 2004.

Leituras sugeridas

Fisher, Simon. *Working with Conflict: Skills and Strategies for Action.* London: Zed Books, 2000.

Gutlove, Paula; Gordon Thompson, eds. *Psychosocial Healing: A Guide for Practitioners.* Cambridge, MA: Institute for Resource and Security Studies, 2003.

Herman, Judith Lewis. *Trauma and Recovery: The aftermath of violence – from domestic abuse to political terror.* New York: Basic Books, 1992.

Kleber, Rolf J.; Charles R. Figley; Berthold P. R. Gersons, eds. *Beyond Trauma: Cultural and Societal Dynamics.* New York: Plenum Press, 1995.

Levine, Peter A.; Ann Frederick. *Waking the Tiger –Healing Trauma: The Innate Capacity to Transform Overwhelming Experiences.* Berkeley, CA: North Atlantic Books, 1997. [*O despertar do tigre – curando o trauma.* São Paulo: Summus, 1999.]

MacNair, Rachel M. *Perpetration-Induced Traumatic Stress: The Psychological Consequences of Killing.* Westport, CT: Praeger Publishers, 2002.

Schirch, Lisa. *The Little Book of Strategic Peacebuilding: A Vision and Framework for Peace and Justice.* Intercourse, PA: Good Books, 2004.

van Tongeren, Paul. *People Building Peace II: Successful Stories of Civil Society.* Colorado: Lynne Rienner Publishers, 2005.

Zehr, Howard. *Trocando as lentes.* São Paulo: Palas Athena, 2008 e 2018 (ed. de 25º aniversário – ampliada e revisada).

_____. *Justiça restaurativa.* São Paulo: Palas Athena, 2012 e 2017 (edição ampliada e atualizada).

SOBRE A AUTORA

Carolyn Yoder dirige o programa STAR Strategies for Trauma Awareness and Resilience, um programa conjunto entre o Center for Justice and Peacebuilding da Eastern Mennonite University (CJP) e o Church World Service. Ela e sua família viveram e trabalharam no Oriente Médio, na África oriental, ocidental e meridional, Ásia, Caribe e Estados Unidos. Sua experiência inclui uma ampla gama de trabalhos com trauma, incluindo estresse secundário e fadiga por compaixão em cuidadores e em sobreviventes de guerra e de tortura, nos Estados Unidos e no exterior.

Carolyn é terapeuta de casais e de família, certificada profissionalmente no âmbito nacional. Possui mestrado (M.A.) em linguística pela Universidade de Pittsburgh e mestrado (M.A.) em aconselhamento psicológico pela Universidade Internacional de San Diego. É casada com Rick, e o casal tem 3 filhas: Katherine, Jessica e Sara.

Texto composto em Versailles LT Std.
Impresso em papel Pólen Soft 80g na Gráfica Paym.